α文库

翻译的乐趣

陆大鹏 / 著

海峡出版发行集团
THE STRAITS PUBLISHING & DISTRIBUTING GROUP
鹭江出版社
2025年・厦门

图书在版编目（CIP）数据

翻译的乐趣 / 陆大鹏著. — 厦门：鹭江出版社，2025. 8. —（α 文库）. — ISBN 978-7-5459-2543-2

Ⅰ. H059-49

中国国家版本馆CIP数据核字第202500LB89号

出 版 人　雷　戎
选题策划　轻读文库
责任编辑　林烨婧
特约编辑　李鹏程
装帧设计　马仕睿 @typo_d
美术编辑　朱　懿

关注轻读

FANYI DE LEQU
翻译的乐趣
陆大鹏 著

出　　版：鹭江出版社
发　　行：鹭江出版社
　　　　　轻读文化传媒（北京）有限公司
地　　址：厦门市湖明路 22 号　　邮政编码：361004
印　　刷：河北鹏润印刷有限公司
地　　址：河北省沧州市肃宁县经济开发区宏业路北侧　　联系电话：0317-7587722
开　　本：730mm × 940mm　1/32
印　　张：4.75
字　　数：80 千字
版　　次：2025 年 8 月第 1 版　　2025 年 8 月第 1 次印刷
书　　号：ISBN 978-7-5459-2543-2
定　　价：30.00 元

客服咨询

本书若有质量问题，请与本公司图书销售中心联系调换
电话：（010）52435752

目录

翻 译 的 乐 趣

引子　我不是“翻译家”

读大学本科的时候，我开始接触翻译工作，起初是译一些军事历史类（尤其是涉及“第二次世界大战”）的文章，发表在各种刊物上。我的第一本真正意义上的成书译作，是2014年出版的《1453：君士坦丁堡之战》。此后的十多年里，我陆续翻译了二十多种图书，大部分是世界历史题材，也有几本外国文学。后来我开始自己写书，但我的第一本原创作品《德意志贵族》其实也脱胎于翻译工作，因为最初的灵感来自翻译德国历史上若干概念时的纠结。

书翻译完之后，难免要配合出版社的一些营销工作，在公开场合“自卖自夸”。参加读书活动，与读者见面的时候，有些主持人会给我冠以“翻译家”的头衔，但每次听到别人这样称呼，我都十分汗颜，有时会忍不住纠正一下：“‘家’这个字不敢当，可能‘翻译工作者’或者‘译者’更贴切。”

毕竟，“家”这个字很容易让人联想到德高望重、年高德劭、德艺双馨之类的形容词，我深感自己实在承担不起这样的美誉。相比之下，英文中的“translator”（译者、译员）一词，就让我完全没有这样的心理压力，我可以坦然地说自己是个translator。在我看来，一个人大概需要真正对翻译这门艺术有着高屋建瓴的认识，才称得上“翻译家”。我喜爱的翻译家有不少，后面会聊到他们。但我对自己的定位，就是一个尽力而为的手工艺匠人。

恰好在我入行差不多十年的时候，出版品牌“轻读文库”的老板韩志老师在跟我闲聊期间，提到能不能写本小书，聊一聊翻译这个话题，尤其是翻译的乐趣。我的第一反应是婉拒，因为无论是文学还是社科领域的翻译，我都是晚辈，许多德高望重的老一辈翻译家仍然活跃，哪里轮得上我讲话？我要“妄议”这个话题，岂不是班门弄斧、贻笑大方？虽说做了十多年的翻译，我的确吃过些苦头，攒了些经验，也（自以为）找到了些小窍门，但这些东西，我一直觉得实在不足为外人道，而且可能没多少人会感兴趣——直到2024年初秋。

当时，我应约去成都做客两位译界同行何雨珈和李昊的播客节目《绕城外》，聊了聊翻译工作。这是很愉快的一次talk shop（聊工作），因为是同行之间的交流，所以格外“心有灵犀”，很多东西点到为止，大家立刻心领神会。我们三个人的工作习惯不太一样，主要做的领域也不一样，但惊喜地（其实有什么好惊的呢）发现，我们在翻译工作中体会到的乐趣是酷似的。

这次畅聊之后，我觉得韩志老师的提议还是很有道理的，或许我应该把自己做翻译工作时的一些体会写下来——当然不是要“倚老卖老”（何况我自觉还青春得很），不是要给新入行的朋友“上课”或说教，而是单纯想在纸上与同行、读者做一次交流，聊聊自己一些非常个人化的经历和体验，就像面对面同何雨珈和李昊聊天一样。

于是，就有了这本书。

在下面的章节里，我主要想和大家聊几个方面：一是我对图书翻译这门行当的一些“务虚”的看法；二是我作为读者和外语学习者的一些心得和建议；三是我对图书翻译工作的一些“务实”的体验和观察；四是我在图书翻译和编辑过程中的一些感悟和思考；最后则是针对一些读者提问的简要答复。需要强调的是，本书全都出自我的个人经验，是我的一家之言，可能对大多数读者来说并没有太实用的价值，但我自认为还是比较真诚的。或许这也就够了吧。

如果没有韩志老师的鞭策，我根本不会想到要写这样一本书。如果没有同何雨珈老师和李昊老师的那次侃大山，我也不敢接受韩志老师的提议。如果没有我的编辑李鹏程老师的悉心指导和细致工作，我很可能半途而废。李老师本人也是图书译者，他的很多点拨经常让我有一种他真的“懂我”的感觉。除了上面几位，当然还要感谢多年来支持我的读者。在今天，译者翻译的乐趣，就是给大家一些阅读的乐趣。

CHAPTER 01

我的“翻译观”

翻译的乐趣

茅海建的《天朝的崩溃》里讲到鸦片战争时期，道光帝收到英国外交大臣巴麦尊（Henry John Temple Palmerston）的照会。巴麦尊当然是用英文起草照会，然后请人译为中文。事关重大，巴麦尊要求译者“应尽可能使它正确”“简明而又切合实际”。这本是翻译的基本要求，即所谓“信达雅”中的“信”。如果不“信”，岂不是违背了翻译的初衷？

照会里有一句，英国人 demand from the Emperor satisfaction and redress，也就是“要求皇帝赔偿并匡正”。这个要求简单而直白，但不知为何，被译成了“求讨皇帝昭雪申冤”。

几字之差，画风大变。原本气势汹汹地来勒令对方赔偿的英国人，在译者笔下却变成了跪地喊冤、恳求青天大老爷扶助的可怜虫。道光帝原本就资质平庸，对现代西方世界和现代外交几乎两眼一抹黑，看了这些卑微谦恭的陈词，一下子对局势产生了严重的误判，非但没有认识到国家已经危如累卵，反而继续以天朝上国自居，命令英军统帅“着即返棹南还，听候办理可也”。翻译成现代的说法就是，你们这些蛮夷先回去吧，等我慢慢处理你们的破事儿。

再往后的故事，就是中国近代史的悲剧篇章之一了。不过，这不是我要谈的话题，这里我只聊翻译。翻译原本应当在不同文化、不同语言之间架设桥梁、增进理解，可在道光帝的案例中反而加深了双方的隔阂，非但没有架桥，反而更似拆桥。

外交当中的翻译当然至关重要，关系到国家体统、民族命运。有意无意地误译，失之毫厘，差之千里。我做的主要是外国历史和文学的翻译，关系没有外交翻译那么重大，不至于如履薄冰，但也需要时常告诫自己要谨小慎微。时常在网上看到“吐槽”图书翻译质量的文字，每次看到总是心里一紧：“是不是在说我？”如果不是，先如释重负，然后看看有没有什么可以吸取的教训。之所以谨慎，一方面是怕辜负读者、被读者骂；另一方面也怕自己胡乱交差、良心不安。

复旦大学中文系的严锋教授曾提出一个观点，认为中国历史上，有四次大规模的译介活动彻底改变了历史和文化：

第一次是佛经翻译，大致时间是从东汉到宋代，时间跨度很大。我们熟悉的玄奘、鸠摩罗什都是著名的佛经译者，他们的翻译工作对佛教在中国的传播和跨文化交流都有很大的贡献。

第二次是清末民初对西方图书的大规模翻译。这也是中国人熟悉的故事。严复翻译了《天演论》《原富》等西方学术和思想经典，林纾翻译了小仲马、柯南道尔等人的小说。这些在学术和通俗两个层面的翻译，毫无疑问对19世纪末、20世纪初的中国人开眼看世界有极大的助益。

第三次是改革开放以来，商务印书馆、人民文学出版社、译林出版社、上海译文出版社等出版机构，先后引进了一大批介绍西方现代文化思想的译著，开拓了中国人的视野。

第四次则是近二三十年来涌现的“草根字幕组”。大量民间志愿者和爱好者，通过网络翻译西方影视剧的字幕，并在大多数情况下免费提供给了观众。我自己也是字幕组的受益者。当年学英语的时候，我看过不少西方影视剧（以英美的为主），比如《绝望的主妇》《迷失》《火线》。当然，现在很多德语的影视剧也被翻译成了中文，比如很火爆的《巴比伦柏林》，就有中国人制作字幕。

按照严锋教授的说法，字幕组对中国人了解西方、对国际文化交流的贡献不亚于前几次翻译浪潮。这是非常高的评价。我基本上同意这个看法，但可以稍作补充。在我国的第三次翻译浪潮中，商务印书馆、人民文学出版社、译林出版社、上海译文出版社这几家传统老社，确实是老前辈，翻译出版了大量西方的文学和学术、思想经典。但近十多年来，我国的出版业实际上有更长足的进展，那就是对当代西方历史及非虚构图书的大规模翻译引进，而我有幸以好几种不同的身份参与其中。

翻译对中国社会和文化的影响究竟有多大，是一个难以量化的问题，但说“巨大”肯定是不会错的。从这个角度讲，翻译确实是人类交流的桥梁，在很多层面发挥了开阔视野、促进交流的作用。

当然，这些话都是往大了说，在原则上固然不错；但往小了说，落实到我个人身上，我从来没觉得自己是在做什么了不起的事业，或者承担着什么神圣的使命。对我而言，翻译首先是一份工作，能让我挣点儿钱，贴补家用。这对我是非常重要的——毕竟，谁让咱没有别的本事，不能发大财呢？其次，这份工作虽然辛苦，但确实给我带来了一些乐趣，而一份能够融合我兴趣的工作，我会尽力去做，做到我的能力范围内的最好。

那么，对我来说，翻译的乐趣到底有哪些呢？

在我看来，翻译一部优秀的作品，就是在与一个智慧的、有趣的灵魂做最亲密的交流，与顶尖的学者或作家促膝长谈，让人无须出门而神游四海。这是第一层乐趣。

语言文字本身就是美的，一个有敏锐感觉的阅读者能够体会和享受这种美。但鉴于译者往往需要比阅读者更深入地研读文字，所以常常更能够深切地感受到那种美。美，还不够吗？这是第二层乐趣。

经历了千辛万苦的脑力与体力劳动之后，终于给一部译作画上句号，那种长舒一口气的成就感，每一位认真完成工作的译者都能体会到。那种充实、放松、惬意的感觉很难描述，但我猜测，体力劳动者下工之后抽烟，舒缓地吐出一个烟圈，或者运动员在经历了一场艰巨的比赛，终于赢得胜利之后，在淋浴下冲去汗水和尘埃，应当会有类似的感觉。那是何等的畅快啊！这是第三层乐趣。

翻译的过程不可能一帆风顺。按部就班、一切顺利的旅途，听起来就有点儿乏味。你难道不想要一点儿意外、一些冒险、若干惊喜？在翻译中遇到难题的时候（有文字理解层面的难题，有换一种语言转达含义的困难，也有文化背景方面的困难），译者如同一位调兵遣将的统帅，要去搜罗、调遣和集合各种资源（工具书、搜索引擎、数据库等），皱着眉头运筹帷幄，最后圆满地解决疑难，或者妙手偶得地找到了一个巧妙的译法、恰当的表达（福楼拜所说的le seul mot juste，唯一正确的词），那种乐趣有点儿像柳暗花明，又有些像绝境逢生。这是第四层乐趣。

通过翻译，能够帮助到一些读者朋友，甚至能够由此找到同好和知己。独乐乐不如众乐乐，我有很多朋友就是通过翻译和阅读，通过分享其中的乐趣而结识的。这是第五层乐趣。

优秀的翻译（和翻译家）能让人多活几次

对包括我在内的很多人来说，阅读翻译作品是非常重要的一件事情。从外文翻译成中文的许多书籍，塑造了我们读书的爱好和品位，培养了我们的阅读趣味和理解力。

大家都知道，小时候的阅读会影响一个人的一生。我小时候，父母非常鼓励我读书，而且要读杂书、读闲书。家里有很多世界名著，比方说奥斯丁、狄更斯、巴尔扎克、大仲马等人的经典。所以，我从小就对外国文学和历史感兴趣。上述几位至今仍然位居我最喜欢的小说家之列。

此后，我也一直在读外国文学和社科书的中文版。后来在大学的专业是英美文学，又学习了德文。所以如果一本书的原著是英文或者德文的，我就会尽量阅读原著。不是说读译著不好或者没意义，而是我既然已经辛辛苦苦把外文学到了能够比较自由阅读的程度，那为什么不直接读外文原版呢？不假手于他人、直接读外文原著，恰恰就是我学外语的初衷呀！

优秀的译著本身就是一种创作、一件艺术品。在艺术层面，翻译自有其存在的理由和价值。但我作为译者，仍然鼓励大家学好外文，去直接读原著。往往是在你掌握了外文之后，反过来更能够欣赏优秀译著的妙处。

当然，有的作品，我认为更适合读中译本，例如海外汉学的书，因为作者用英文写作的时候就会把人名、地名、官名、机构名改成英文说法，非专业的读者往往很难将其与中文说法对应起来。通过海外汉学方面的作品——随便举几个我喜欢的例子，比如魏斐德的《洪业》、裴士锋的《天国之秋》、欧立德的《乾隆帝》——读者在阅读过程中，能够看到域外之人是如何看待中国的，对于中国历史是怎么理解的，这是非常有趣的话题。

至于其他小语种的书，例如挪威语、斯洛伐克语等，不一定有中译本，但是往往会有英译本。这种情况下我会比较愿意去读英译本，因为欧洲语言在互译过程中损失的东西应当说是比较少的，往往能够找到不错的英译本。

下面说说对我个人的阅读影响比较大的几位翻译家。中国译者方面，我非常喜爱董乐山先生，他的好几本翻译作品，如《第三帝国的兴亡》《巴黎烧了吗？》，原书都是极好、极有影响力的非虚构作品，董先生的翻译也非常精妙。我在年纪比较小的时候，应该是中学时代，读到他的好几部翻译作品，进而对书中涉及的历史，尤其是纳粹德国的历史，产生了非常浓厚的兴趣。后来，我自己也翻译了一些关于纳粹德国的历史书，如《纳粹德国的腐败与反腐》。

我中学时代非常喜欢的另一位译者是草婴，他翻译过托尔斯泰的好几部作品，包括《战争与和平》《安娜·卡列尼娜》，等等，对我影响也非常大，让我受益良多。现在有人批评草婴的译本，懂俄文的人拿俄文版和中文版来对照，觉得他的翻译有很多问题。或许是这样吧，但这与草婴的中译本影响巨大，让许多年轻读者对托尔斯泰产生了兴趣，其实并不矛盾，所以我还是很感谢草婴对托尔斯泰作品的翻译。

后来我比较喜欢的一位译者是美国人威廉·威弗（William Weaver），他翻译过意大利的埃科、卡尔维诺的大量作品。我非常喜欢威弗翻译的埃科名著《玫瑰之名》，他的英译本是一部了不起的杰作。

文学爱好者怎么可能绕过西语文学呢？可惜我不懂西班牙语，主要是通过英译本来阅读。比如以翻译西班牙语文学见长的美国人格列高利·拉巴萨（Gregory Rabassa），其《百年孤独》的英译本可谓行云流水，对我这样一个不懂西班牙文的人来说，是一部杰作。我至今还记得，那是一个酷热的暑假，我在南京大学鼓楼校区的图书馆借到了拉巴萨的《百年孤独》英译本，迫不及待地读了起来。

南京是中国的“火炉”之一，经历过南京夏季的朋友肯定都有体会。当时学校已经放假，但还有不少学生留在学校里，而且都是一大清早就去图书馆抢座位，因为里面有空调。而我不住校，早上到图书馆的时候，座位早已被抢得一干二净，所以那一天，我只好揣着拉巴萨的英译本，随便找了间教室。因为天太热，教室里的电风扇无论怎样竭力轰鸣，都毫无凉意。教室里当时只有我一个人，于是我便坐到桌子上，想着这样可以离电风扇近一点儿。就这样，我开始步入马孔多的世界：“多年以后，奥雷连诺上校站在行刑队面前……”

虽然汗如雨下，衬衫黏在了后背上，但一下午仿佛一瞬间就过去了……那滋味甘美舒畅，至今萦绕心头。但今天如果你让我在盛夏时节、没有空调的环境里读书，我怕是做不到了。毕竟由俭入奢易，由奢入俭难啊。

虽然我不懂意大利语和西班牙语，但通过威弗和拉巴萨的英译本，我还是得以管中窥豹，领略了埃科、卡尔维诺、马尔克斯等大师的风采，实在是心满意足。此外，这两位翻译家本身的译笔也非常棒，所以阅读这些作品体验是很享受的。

我喜欢的另外一位翻译家兼学者是杰伊·鲁宾（Jay Rubin）。他是哈佛大学研究日本文学的教授，也翻译日本文学，村上春树的好几部作品就是由他译为英文的。比如《奇鸟行状录》《挪威的森林》《1Q84》，我都是通过鲁宾的英文版读完的，非常难忘。所以，如果你喜欢村上春树，我十分建议读一读鲁宾的译作。熟悉村上春树的读者都知道，他不是一个很有“日本味儿”的作家，但恰恰因为这一点，他的作品格外适合翻译成英语。读鲁宾译的村上春树时，我经常会想，假如把人名全部换成“杰克”“露丝”之类的，简直就是一部英文小说，而且是顶级的英文小说。这样看来，对于村上春树，读英译本也不算十分雾里看花了。

《奇鸟行状录》(*The Wind-Up Bird Chronicle*)是我最喜欢的小说之一，既然提到了，就在这里忍不住多说几句。

俄罗斯套娃般大故事套小故事的手法，仿佛是优秀的故事讲述者必备的技能。年迈的退役中尉的出场，将情节一下子从骚动不安而暗流涌动的当代社会，跳到了第二次世界大战中的伪满洲国和蒙古。这位因目睹同伴被剥皮并且在枯井中受困许久而受到极大创伤的日本老兵，以沧桑的口吻讲起了战争往事。这条“二战”故事线的情节视野广阔，笔调雄浑，极具史诗气概。村上春树丝毫不留情面，将非人的暴行描述得淋漓尽致，让人仿佛嗅得到火药味，听得见受虐者的惨叫，脸上仿佛挂着蒙古草原的露珠和中国东北的雪碴子，能感受到日本难民乘船遭到美军潜艇围堵时的恐惧，或者日军用棒球棍击杀反叛的伪满军校生的惨烈，以及中国人扛走被日本人打死的动物园老虎的荒诞。

对这个史诗般的战争故事展开描述的村上春树仿佛不再是村上春树，而成了托尔斯泰。他笔下的画卷足够宏大，着眼的是战争与和平，是人类的共同命运；他以克制而包含同情的笔调书写战争蹂躏下人们的苦难，日本军人屠杀俘虏时自己内心的胆怯，人间地狱般的战俘营内日本人之间的争斗，丧失人性的官僚机器和魔鬼般的恶徒。若说《挪威的森林》换成美国人名和地名便是一部讲述青春悸动的美国小说，仿佛《麦田里的守望者》，那么在我看来，《奇鸟行状录》的战争故事简直就是最伟大的俄罗斯批判现实主义小说的继业者。在这里，没有什么光辉的胜利，没有英雄战士，有的只是苦难、残忍和麻木不仁。就像马尔克斯用最冷静和若无其事的笔调，将最让人心惊肉跳的事情白描出来一样，村上春树不屑于煽情，哪怕在详细描写活剥人皮时，也以医学实验般的稳重分析着其中的技术细节。

优秀的翻译家非常多，以上是我比较喜欢的几位，他们对我个人的影响非常大。我为什么喜欢他们？因为我认为他们非常好地完成了翻译家的使命，能够帮助我们这些不懂意大利语、西班牙语、日语等语言的人，很好地了解这些语言的优秀文学作品，帮助我们去看外面广阔的世界。而且这些译者，他们自身的文字又极其优美，他们的翻译作品是智慧的结晶，也是瑰丽的珍宝，所以我非常推荐这几位翻译家。

我很喜欢的奇幻作家乔治·马丁在《冰与火之歌》的第五部中说过一句话："读书人的生命有一千次，不读书人的生命只有一次（A reader lives a thousand lives before he dies, the man who never reads lives only one）。"这句话很好理解，如果你读书的话，就能进入更多的时空和世界，你的生命可以比别人的更丰富。而优秀的翻译家能帮助我们进入别的时空，让我们多活几次。我认为，这是翻译家能够达到的最佳状态。

译者应不应当有自己的风格？

从个人经验来讲，我翻译的作品大部分是供大众阅读的历史和非虚构著作，也有少量文学作品，但除了萨曼·鲁西迪（Salman Rushdie）和朱诺·迪亚斯（Junot Díaz）的小说之外，我翻译的作品本身并没有特别鲜明的文学风格，比如说丹·琼斯（Dan Jones）、罗杰·克劳利（Roger Crowley）这两位作者的语言就比较平易近人，没有华丽的辞藻和雕琢的文风。这并不是说他们的文字是白开水。克劳利的文风有一些古典文学的色彩，琼斯则简洁明快，有一种节奏感和音乐感，这也是美的。文字就像人，并不是涂脂抹粉、烈焰红唇才算美，清淡素雅同样美。

因为原文的文风是比较朴素的，所以我也尽量用简单、准确、直白的语言来翻译，不会刻意追求所谓的“文采”。如果把素净的原文翻译得富丽堂皇，那就等于背叛了原文，是不可取的。

同时，我们要问，这类历史或非虚构作品，它们的用途是什么？当然是给大家提供知识、传递信息，兼具一些娱乐功能。所以我觉得，在翻译这种类型的书时，既没有必要，也没有理由去突出译者的语言特色和个人风格。译者不应当喧宾夺主。

再者，如果一位译者刻意突出自己的风格，而用同一种风格去译不同作者的作品，那么就等于是用同一个模子去强行套不同的材料，结果必然是不理想的。甚至同一位作者的不同作品，在风格上也可能大相径庭，可译者如果坚持用自己的风格去处理，效果也很难令人满意。

但另一方面，译者如果想做到完全透明、完全没有个人风格，也是不可能的，因为即便译者想努力隐身，他在潜移默化中形成的语言习惯、他的教育背景和阅读经历等，也会不由自主地流露出来。

当然了，我们还可以从另一个角度看。我觉得，除了少数名家、大师，实际上大部分写作者都没有特别鲜明的、高辨识度的特殊风格。从我个人的阅读体验来看，个人风格让我印象比较深的作家有莫言、老舍、鲁西迪、福克纳、狄更斯。比如莫言时而庄严，时而戏谑；时而雅致辉煌，时而俚俗草莽；既有浓郁的中国味道，也显然受到了现当代西方文学的熏陶。

我的朋友高林（大家也许在“忽左忽右”播客上听过他的单口相声）的文字有着显著的个人风格，充满戏剧性和幽默感，嬉笑怒骂、自成文章，而且有着强烈的音乐感和临场感，非常有“京味儿”。他的文字，我只要读几行，就能立刻判断出这确实出自高林之手。这种独特的个人风格是非常难得的，也令人难忘。

但有很多知名的作家，假如把他们的文本放在一起，不告诉我们每一篇是谁的大作，而我们也对这些作品毫无了解的话，我们真的能够准确判断出作者归属吗？如果做一个这样的实验，肯定很好玩儿。

个人风格这玩意儿，实在是太玄乎、太难培养了。我觉得这有点儿像穿衣服。只要稍有品味、稍稍讲究些，很多人都能做到穿着得体、雅致，我简单地称之为“有衣品”。当然话又说回来，这个要求已经非常高了，大多数人实际上做不到。比如我自己就穿得很不讲究。“有衣品”的人就像合格的乃至优秀的写作者。他们在整个人群当中固然显得少之又少，但总归还是能抓到一大把的。

下一个境界，“有个性”，那就难于上青天了。穿得好，还算相对简单；穿得有个性，对穿搭有研究、有心得、有独到的见解和实践，就需要别样的天才了。这就相当于那些顶级的瑰宝作家，比如我上面说的莫言和鲁西迪。

所以，个人风格难寻。不过，寻不到也没关系，毕竟大家都是凡人。很多优秀的写作者也并没有自己的独特风格，毕竟作品的主要元素除了风格之外，还有情节、人物塑造、思想底蕴，等等，风格并不是作品的全部。

既然连写作者都很难有自己的独特风格，那么受到原文束缚的译者，就更难形成自己的风格了。

在我看来，译者的责任就是尽可能准确地转达原书的意思，尽可能做到忠实、顺畅。我个人比较喜欢简单平易的风格，少用长句，不用生僻的古文典故。如果译者的个人风格非常突出，比如喜欢用方言，或喜欢半文半白，或者用网络俚语的话，我认为都是非常糟糕的。这样的个人风格会损害原文，违背翻译的初衷，所以我很反对在翻译过程中使用特殊的方言、俚俗、网络语言或半文言的表达。

如果用半文言搞创作，只要写得好，当然无可厚非。但在翻译外国作品时采用这种具有浓郁中国特色的文风，我还是觉得难以接受。若为了创造“古色古香”的气氛，偶尔为之倒还可以，但若经常使用，考虑到今人对文言的掌握程度未必很高，这很容易制造出蹩脚的四不像，而且也是在故意给读者制造阅读困难。比如，若一本欧洲中世纪题材的书写到国王逝世，译成“国王驾崩”当然可以，但若译为“宫车晏驾”就实在没必要了。

译者应当隐身于作品之后吗？

学者方柏林先生曾写过一篇文章，讨论了翻译时译者应不应当加注释，他的意见是越少越好。在他看来，译者应当尽量隐身于作品之后，让读者看不到译者。与这个看法相反的一个例子，是萧乾翻译的《尤利西斯》，里面的注释非常多，但鉴于《尤利西斯》本身就像一本“天书”，没注释的话大家可能会看不懂，会觉得很枯燥。所以这个问题可能无法一概而论。

我个人认为，文学作品的注释可以相对少一些，历史类著作的注释倒是多一些也无妨。注释非常有帮助，但是注多注少以及注的深度，的确没有办法做一个笼统的概括。我自己翻译的书里译者注算是比较多的，大概分两种情况：一是某个问题我自己也不是很清楚，那就需要研究透彻后尽量概括出来，帮助读者理解；二是比如某个历史典故我自己知道，但据我判断，对大部分读者来说可能比较生僻，所以也会加上注释。单就注释来讲，我这个译者其实不太隐身。

翻译时考虑加不加注的另一个出发点，是读者的需求。外文译成中文时，有些东西是没有办法传递出来的，比如对于一些微妙的文字游戏，译者就不得不忍痛割爱。我觉得，翻译的书是给外文不太好或不懂外文的读者看的，所以译者一定要为他们考虑，帮助他们尽量扫清障碍，获得尽可能多的信息，提升阅读体验。因此我的翻译是考虑读者，替读者着想。

当然，也有的翻译是替作者着想的。比方说，我非常喜欢的一位美国华人学者刘皓明，曾翻译过荷尔德林后期的诗歌。我们知道，荷尔德林的德文诗歌是非常难读的。刘皓明教授的译本模仿了和合本《圣经》，并且会用许多生僻的典故和字，例如喜欢用《周易》《诗经》《尚书》里的典故。我印象很深的一个词是Geschwister，类似英语中的sibling。兄、弟、姐、妹都叫sibling，不知道长幼、男女，所以这个词往往不太好译。但刘皓明用了一个特殊的词，叫“同产”，即同母所生者。例如，刘邦去世后，吕后家的人把持朝政，就是吕氏同产的人掌握朝政。还有一个例子是将Stier（公牛）译为“特牛”，这是《国语》里的典故。

刘教授的这种翻译方法引发了一些争议，有人认为，荷尔德林的德文诗本身已经非常难读，再加入中文的生僻典故，就是在故意制造阅读困难，毕竟不是每个读者都精通文言文和中国经典。

但从另一个角度想，荷尔德林的作品本身就非常不易懂，他引用的大量基督教或者古希腊罗马典故，就连受过良好教育的德国人读起来也不会轻松。如果中文译者为了方便读者便把译文处理得平实易懂，岂不是严重稀释和扭曲了原文？所以，我认为刘皓明教授的做法是很有道理的。

民国或繁体译本的翻译水平更高？

我在社交媒体上经常看到这样的说法：“民国时期的翻译水平比今天的高！”或者“繁体版的翻译质量更高！”我放肆地妄自揣测一下，有这两种想法的人大概没有读过很多书。民国时期当然有非常优秀的译者，今天也有。民国时期当然有做事一丝不苟的人，今天也有。再加上今天学外语、查阅资料的便利程度远远超过往昔，所以只要译者有信念和毅力，就几乎没有解决不了的翻译问题，大不了还可以通过网络求助。我个人的感觉是，总体而言，翻译水平是在不断提高的，而且肯定比民国时期的要高不少，毕竟我们是站在前人知识积累的基础之上。我们不必贬低前辈的努力，但我要说，我们今天的翻译水平比他们那个年代高一些，也是理所应当的。

当代译者最大的不足之处，可能是中国古典文学的造诣不如民国时期的那些译者，毕竟那个时代的很多人还受过旧式教育。对于当代译者来说，这一点的确令人遗憾，但也是时代的局限。对大多数作品的翻译来说，有扎实的中文古典文学基础肯定是加分项，但未必是绝对必需的条件。我一贯的观点是，翻译的准确、晓畅、易读，要比译文的“文采”更重要。如果一位译者非要展示自己的“文采”，那不妨自己去搞创作，何必用自己的“文采”来拖累原文的意义转达?

至于繁体版译本的水平是不是比简体版更高，我相信很多编辑或读者朋友会有自己的判断。固然大陆有很多出版社会采用繁体版译本，但同样也有很多台湾的出版社会采用简体版译本。比如我的多本译作，如“地中海史诗三部曲”、《金雀花王朝》《阿拉伯的劳伦斯》等，就被台湾的出版社照搬了过去，甚至还得到好评。就我所知，在译本这方面，海峡两岸总的来讲是互相认可的。

CHAPTER 02

先从学语言谈起

每一种语言都是美的

中文当然很美，尤其是古典诗词，常有精练之妙和图像之美，如“两个黄鹂鸣翠柳，一行白鹭上青天”。但中文之美往往很难翻译，很难“转达”到另一种语言当中。

当然，别的语言同样也美，也有自己的（很难翻译的）精妙之处。中文的“乡愁”一词妙处无穷，德文的Heimweh也令人拍案叫绝。Heim是家或家乡，weh是疼痛、痛苦。合起来就是因为思乡而感到痛苦，比“愁”的程度更甚。看到Heimweh一词，让人觉得仿佛自己的肉身都有了隐痛。

如果说在表达思乡的意思时，中文和德文都有巧妙的词，那么德文有一个与之相关的精妙的表达，却是中文没有的：Fernweh。其中weh还是疼痛、痛苦，Fern是“远方”。这个词与Heimweh相反。中文当中好像没有类似的概念，只能笨拙地将其翻译为“对远方的向往，渴望去远方旅行的感觉”之类。

很多语言都有令人惊喜、令人回味无穷的精妙表达。这个世界之所以有趣，就是因为它丰富多彩。坐井观天的青蛙看到的那一片天空确实是美的，但世界远不止那一片天空。

学英语的一点小贴士

大家都知道，我主要是做英汉和德汉翻译，每天都要和这两门外语打交道，对口译也有一些经验。所以经常有青少年朋友来问我，学英语有什么诀窍吗？所以，我在这一小节就给大家分享一点小小的心得。

先说单词。很多同学会觉得英语单词难背。的确，如果你手里拿着一本厚厚的词汇表，从A背到Z的话，确实很难，也很枯燥和辛苦。而且，光是背诵生词表的话，其实效率是不高的。

但我们的目标并不是记住生词表本身，而是学会如何使用这些词。所以，我不建议呜啦呜啦地背诵那些枯燥的字母组合，成天“Abandon！ Abandon！Abandon！”。大家不妨试试这样记单词：每遇到一个生词，都要问自己，如何把它用在一个句子里呢？

比方说，emergency（紧急情况）这个词，是不是有点儿难记？不妨试试把它用在句子里：This is an emergency, I need to hurry（有紧急情况，我得抓紧时间）。你甚至可以在脑海里想象一个场景：你遇到了紧急情况，比如作业忘了带，或者考试快迟到了，这个时候你该怎么说呢？

这就是情境式的记忆法。你的目标不是把单词背下来，而是要学会在真实的情境中使用这个单词！所以到了一定阶段之后，你就不能满足于课本和教辅材料上的那种英语了，而是要学习真正的英语，也就是学习在真实的生活情境（文学作品、电视新闻、影视剧，甚至游戏）中如何使用英语。所以，你需要大量阅读。

提高阅读能力的最好办法，就是阅读原汁原味的文学作品，绝不可以只读课本和教辅。一定要学习真正的英语，看看英美人（当然还有澳大利亚、加拿大等国家的英语母语者）是如何使用英语的。

刚开始阅读的时候，你可能会觉得很困难，因为不认识的单词太多了！我有两个建议。首先是阅读文学作品的缩略本，或者叫简写本。比如像《简·爱》这样的世界名著，完整版有好几百页，对初学者来说肯定很困难。那你不妨找一个专门为英语学习者设计的缩写本，往往只有几十页，并且还加了注释。

其次，是我喜欢说的“一鱼多吃法”。举个例子，如果你已经读过“哈利·波特”系列的中文版，对故事情节很熟悉了，那不妨找来英文版看看。这样的话，即便有很多不认识的生词也没关系，因为你已经大概知道这一段或者那一段在讲什么，所以阅读起来不会特别困难。我不建议你每次遇到生词都去查字典，而是请你根据上下文来猜一猜。很多单词往往都能猜中，尤其是当你已经知道大致情节的时候。

读了英文版之后，你还可以把“哈利·波特”系列的电影找来看一遍，最好是看原声版哦。这就是我所谓的“一鱼多吃”：同样的故事，你读了中文版和英文版的书，又看了原声版的电影。如果你能坚持以这种方式读几部英文小说，相信你的英文一定会有大幅的进步！

对于优秀的文学作品，如果能够“一鱼多吃”，本身也是非常享受的过程。比如前阵子我阅读了一部德语名著：阿尔弗雷德·德布林（Alfred Döblin）描写魏玛时期柏林底层人民生活的小说《柏林，亚历山大广场》（*Berlin Alexanderplatz*）。读完之后回味无穷，便又去寻找相关的影视改编，包括1980年由大导演法斯宾德（Rainer Werner Fassbinder）执导的14集电视剧和2020年的电影。不同时代、不同编剧、不同导演对原著的诠释自然是大不相同的。品味其中的差别，也特别有趣。像《傲慢与偏见》等经典名著，更是值得反复研读，常读常新，也不妨欣赏一下它的众多影视改编。

你的英文水平进阶到一定阶段之后，就可以大规模地听了。我是“80后”，小时候学英语的材料还比较匮乏，技术也落后，只能用磁带或者小容量的MP3播放器（记得我买的第一个MP3播放器的容量只有16 M），所以特别羡慕今天的孩子们能拥有无穷无尽、原汁原味的英语材料。大量地观看英美的影视作品，能够帮助你在真实情境中学习到最地道的英语表达，也能让你学到其他方面的知识。有些情节特别生活化的影视，尤其是描写一小群人日常生活的情景喜剧，比如《老友记》《生活大爆炸》《老爸老妈的浪漫史》等，能让你不出国门就走入英美人的生活里，学习人家到底是怎么样讲话的。有些涉及专业领域的作品，比如《豪斯医生》这样的医疗剧，或者《金装律师》这样的律政剧，或者《火线》这样的犯罪剧，还能帮助你了解某个特定领域的知识。

我当年看英剧美剧还不是很方便，只能买DVD或者龟速下载。因为材料少，我就特别珍惜这些材料。一部电视剧看完之后，我还会把音轨导出来，放进MP3播放器里再听一遍。看剧的时候，因为依赖中文字幕，并且注重情节，所以很多语言上的细节可能没有注意到，之后再听一遍，往往会有很多意想不到的收获。

如今看剧实在太方便了，只要是你想看的东西，几乎一定能找得到，大家不必再像我当年那样对同一部剧进行“反刍”。总之，看剧是学习外文的极好办法。

此外，现在非常流行的播客（podcast），也能够帮助你学习外文和新知。与看剧相比，播客的好处是随时随地可听，而且可以利用“碎片时间”，比如通勤、做饭、锻炼身体时。我对英语学习的播客没有特别关注，想必应当有很多，而且也很容易检索到。我现在也经常听英语播客，但主要是我感兴趣的领域。比如我最喜欢的当代英文作家和历史学家之一的威廉·达尔林普尔（William Dalrymple）做了一个播客，叫作“帝国”（*Empire*），每一集会邀请相关领域的专家来聊历史上某个帝国的历史，从莫卧儿帝国到大英帝国、奥斯曼帝国、蒙古帝国等。达尔林普尔本人学富五车，邀请来的嘉宾也都是各领域的顶级专家，所以这套播客实际上相当于一门水平极高的历史课。

此外，听有声书也是不错的选择。这也是我多年的习惯了，人声的美好和书籍本身的精彩，若由优秀的表演艺术家演绎出来，足以令人心醉。地铁和公交车常常拥挤喧闹，我自己定性差，绝无办法在通勤时读书。因此听书倒成了利用碎片时间的良策。许多书我都是听下来的，不曾读过。有的通俗小说，听一下就可以了，无须花时间去阅读。有的书则是先读了，再去听，相当于复习一遍，往往能妙手偶得，发现之前不曾注意到的闪光点。这种办法特别适合对付情节复杂的书，如萨曼·鲁西迪的《午夜的儿女》、乔治·马丁的《冰与火之歌》系列。当然，也有的书我是先听了之后觉得喜欢，又去找了纸质书来读，还推荐给他人。我印象最深的一个例子是约翰·格林（John Green）描写患癌青少年爱情的小说 *The Fault in Our Stars*（中译本称《无比美妙的痛苦》）。《奇鸟行状录》我也听过有声书，其朗读者鲁伯特·德加斯（Rupert Degas）是著名的英国配音演员，也是颇有才情的演员。

听有声书时，我还有一些有趣的发现。比如英国历史学家安德鲁·罗伯茨（Andrew Roberts）的《拿破仑大帝》，我多年前就读过英文版了（顺便广告一下，此书已经有中文版）。后来我搞到《拿破仑大帝》的有声书，欣赏了30多个小时。领读者是英国著名的配音演员约翰·拉夫特·李（John Rafter Lee）。

拿破仑的传记，肯定会涉及海量的法语和德语人名、地名、机构名，等等。李大概率是不懂这两种语言的，但肯定做过专门训练，所以法语和德语的专名大多读得还说得过去，不像大多数英美人那样，对自己不懂的外语名字都是随便瞎读。当然了，李读的R肯定还是英语的R，不会读成法语和德语的小舌颤音。最有意思的是，他把法语和德语的th（发音是t）都读作英语的th，于是拿破仑的那位参谋长贝尔蒂埃（Berthier），就变成了“贝尔西埃”，这一点令人忍俊不禁。

我翻译过丹·琼斯的《空王冠：玫瑰战争与都铎王朝的崛起》，也听了英文版的有声书。这本书的配音演员也很讲究，不像很多英美人，对法语名字都是瞎读。所有的法语专名他读得都很正确，可以说“法里法气”的，比如英王亨利五世的法国妻子Catherine，他就读作“卡特琳”。Catherine的爸爸Charles，就读作“夏尔”。法语地名读得也都对，能让人感到他是下了一番功夫的，这种认真做事的态度令人舒爽愉快。

《冰与火之歌》是我的心头好，它的有声书我听了好几遍，朗读者是罗伊·德特里斯（Roy Dotrice），也是一位老艺术家。听他演绎的时候，我发现一个有趣的点，就是淹神先知Aeron的绰号damphair，“湿发”，他将其读作dam-phair，也就是ph连在一起读成f。这个奇怪的读法让我兴趣盎然，查了一番资料，发现这在语音学上还有专门的说法，叫作Rebracketing（错误分割）。

学德语的一些小心得

我从大学本科一年级开始自学德语，至今已经将近二十年。德语一贯有难学的名声，那我为什么要自讨苦吃呢?

主要是因为受了德语文学的感染。在中学时代，我读到海涅的抒情诗歌，比如《乘着歌声的翅膀》《在美妙的五月天》《萝蕾拉》等，便爱不释手。可能也是因为青春期的感情丰沛，当时觉得特别能够品味其中的妙处。后来又读茨威格的小说，也是如获至宝。没想到茨威格这样一个大老爷们儿，竟出人意料地擅长写细腻的心理，把许多难以言说的痛苦、纠结、兴奋写得跃然纸上。

这两位文学大师的作品，让我对德语产生了好感。如今网络上有很多无聊梗，极力夸大德语多么难听、多么不浪漫。但德语怎么可能不浪漫呢? 它可是歌德、席勒、海涅的语言啊！德语怎么可能难听呢?它可是贝多芬、巴赫、莫扎特的语言啊！

所以，我就坚持自学德语，其方法和学英文非常类似，就不赘言了。而且从语言学的角度来看，英语和德语其实是“近亲”。所以如果你有扎实的英语基础，那德语应当也比较容易学。不过，德语的语法要比英语的复杂不少，入门期确实会有点儿辛苦，好在过了某个坎儿之后，就会渐入佳境了。

多学一种语言，视野也会更开阔一分。我学了德语之后，觉得对于自己进一步提升英语水平也有帮助。现代德语的很多烦琐表达方式，在现代英语中是没有的，但与较旧式的英语酷似。比如，以前我读弥尔顿或者莎士比亚的原著，总觉得句子太复杂，倒装之类的手法太多，读起来磕磕绊绊。但学了德语之后，我惊喜地发现，在弥尔顿或者莎士比亚那个时代的英语中，很多结构和形式与德语类似，可以举一反三。

法语也是如此，其词汇与英语有很大一部分是重合的。学了法语之后，以前觉得英语当中很多doesn't make sense（没道理）的地方，就一下子make sense（有道理）了。只可惜我的法语学习没有坚持下来，已经丢得差不多了。总之，我给大家的一个建议就是，如果想学好英语，不妨再学一门与之有较近联系的语言，比如德语或法语，一定会有助于你在更深的层次上理解英语。

德语学习进阶的方法和学英语其实差不多。一方面是加强阅读，另一方面可以借助影视剧、有声书和播客。德语的影视剧数量是远远少于英语的，但如果想找，还是能找到。一些德语字幕组近年来付出了很大的努力，比如《我们的父辈》《从海底出击》《夏利特医院》这类比较火的德剧，都很值得看。

还有一部剧特别值得一提。《巴比伦柏林》（*Babylon Berlin*）是一部以德国魏玛共和国时期（1918—1933）为背景的刑侦犯罪剧，注重准确地还原历史，细节相当考究，比如对柏林警察局谋杀调查科德高望重的老领导恩斯特·甘纳特（Ernst Gennat）的刻画，就非常忠于史实：据历史记载，甘纳特是一个酷爱甜食的大胖子，而在电视剧里，当男主人公、年轻的侦探格里安·拉特（Gereon Rath）去找领导谈事情的时候，我们就看到甘纳特面前摆满了琳琅满目的甜点。诸如此类的细节，总能让人会心一笑。

格里安·拉特虽是虚构角色，但甘纳特是真实存在过的人物，而且是不仅在柏林或德国，更是在世界刑侦史上都有一席之地的重要人物。我一度不知天高地厚地以为自己对魏玛共和国时期的德国历史已经有比较深厚的了解，但看过《巴比伦柏林》之后，才发觉我对魏玛德国的一些重要方面——刑事犯罪、警察和黑社会——其实知之甚少。为了补课（当然，也是为了娱乐），我首先狼吞虎咽地看完了《巴比伦柏林》原著小说，即福尔克·库彻尔（Volker Kutscher）的“格里安·拉特”系列的八部长篇和若干短篇。库彻尔的作品算不上文学经典，但绝对是不错的历史小说和侦探小说，尤其是如果你碰巧（像我一样）对20世纪二三十年代柏林“十里洋场”的历史感兴趣的话。不过，电视剧的情节和小说相差很大，二者几乎可以算是各自独立的作品。

欣赏了格里安·拉特在小说和电视剧中惊心动魄的冒险之后，我下决心从头到尾梳理一下魏玛德国的刑事犯罪史、警察史和有组织犯罪史，而最终的结果就是干脆自己写了一本书:《巴比伦怪物：魏玛共和国犯罪鉴证实录》。我对它的定位是“历史+犯罪纪实”。

我也是德语播客的重度依赖者，在这里推荐一个德语学习播客“轻松学德语”（*Easy German*）。这套节目里往往以街头采访的形式，直接让“原装”德国人来谈各种话题，比如“你做什么工作”“你觉得德国人说话太直接吗”“你喜欢什么体育活动”，非常原汁原味。这个播客的几位主播发音都特别清晰、饱满、优美，而且擅长侃大山，虽然往往只是拉家常，却引人入胜。另外“轻松学德语”也有配套的视频节目，不难找到。

德国是传统的广播大国，在电台节目制作和传播上有着深厚底蕴，节目水平往往非常高，其制作的许多广播剧甚至已经达到艺术的高度，完全可以与小说、电影、戏剧等艺术门类平起平坐。德国的电台极多，节目更是数不胜数。现在有一个很好的工具，来检索和收听这些电台节目，那就是ARD。

ARD其实就是“德国广播电视联合会”，你可以简单地将它理解为诸多公共广播电台的联盟。ARD有自己的App（应用程序），叫作ARD Audiothek。通过这个单一的App，你可以轻松检索和收听几乎无限量的免费节目。这个App的功能非常强大。通过主页推荐，我发现了许多精彩的节目，比如《三体》的德语广播剧。除了这种根据算法的推荐，它还可以根据主题来推荐，比如“犯罪纪实”“惊悚”“俄乌战争”“足球”等。另外，ARD的编辑也会根据当前时政热点或者编辑的个人喜好来推荐节目。比如近些年德国的极右翼政党“另类选择党”（AFD）引起了广泛关注，编辑就专门制作了一个合集，把不同电台和节目的若干单集放在一起，供听众下载和收听。这种编辑推荐的合集往往质量很高，让听众无须费力气去专门搜索，就能快速了解一个话题。

大量的德语播客节目也被整合到了ARD Audiothek当中。我推荐几个自己常听的。首先是几个世界历史题材的节目，都是我特别喜爱的：*Zeitzeichen*（《时代的标志》，相当于“历史上的今天”），*Alles Geschichte*（《关于历史的一切》），*Der*

Rest ist Geschichte（《接下来就是历史》），*Eine Stunde History*（《一小时历史》），全都制作精良，令人叹为观止。还有一个是*Tatort Geschichte*（《历史犯罪现场》），这个节目的理念是历史+犯罪纪实，我特别喜欢听，后来还受此启发，与“忽左忽右”播客合作，制作了一套中文的《犯罪的世界史》。

最后我还要推荐“11KM”，这是一个深度新闻节目，涉及面很广，由调查记者和各领域专家制作。11千米是马里亚纳海沟的深度，这个播客以此为名，就是强调其报道的深度。随便拉一下目录，就会发现话题可谓包罗万象，比如“德国房价为什么越来越贵”“德国左翼女政治家瓦根克内希特何去何从”“德国的核电站废料填埋问题”“某些人用人工智能制作视频进行虚假宣传”，等等。

我真诚向德语学习者推荐上述材料，也祝大家在学习的过程中能够享受语言和知识的乐趣。

怎样提升外文阅读能力？

唯一的办法就是多读，多多益善。可读什么好呢？是不是一定要读经典的世界文学名著？其实，在初始阶段就硬啃名著，不是很好的选择，因为很多名著年代久远、语言艰深，很容易让初学者打退堂鼓。

我的建议是，你在中文当中喜欢读什么类型的书，那么在外文当中就读同一类的书。类型文学是提升阅读能力的好工具，比如侦探小说、科幻小说、奇幻小说、言情小说等。这类作品的语言一般都比较简单。我还记得，《福尔摩斯探案集》是我最早完整阅读的英语小说之一，而我最早完整阅读的德语书则是《格林童话》，然后是马丁·路德翻译的《圣经》。

除类型文学之外，非虚构作品也很适合用来提升阅读能力，例如比较通俗的历史书、科普书，或者像何伟（Peter Hessler）的《江城》那种纪实文学。非虚构作品的语言一般不会特别复杂和雕琢（但不意味着它们没有丰富的文学性），很适合用来进阶。

不过，到了比较高的阶段之后，我还是建议大家多读经典文学。以前我读书也比较偏向“实用主义”，喜欢读非虚构、历史、政治类，觉得这样能获取有用的信息，觉得读文学“没什么大用”。但现在，我会督促自己多读文学作品，尤其是经典文学，因为我慢慢发现这些表面上无用的东西其实更滋养人，更能触及人的灵魂，敦促我们对自己、对社会进行反思，让我们成为更好的自己。

一份不是书单的书单

接下来再聊聊几本对我影响特别大的外国作品吧。不是给大家开书单，而是单纯怀念一下自己阅读经历中的几个亮点，因为它们的确塑造了我的阅读趣味。

首先是小时候读的德国古斯塔夫·施瓦布编的《希腊神话》。施瓦布是德国浪漫主义时期的作家，他编纂的这本书是后人了解这个宝库的重要普及著作之一。希腊神话融合了希腊世界不同地区、不同时期、形形色色的传说，甚至有自相矛盾之处，是后人整理总结编辑出来的。在文艺复兴和启蒙时代，人们追溯经院哲学之前的、更有生命力的、异教的希腊罗马文化，以此来反驳基督教。施瓦布对希腊神话进行了重新搜集和整理，包括开篇的普罗米修斯，以及赫拉克勒斯的十二项伟业、后来的特洛伊战争等，涵盖了希腊神话的很大一部分内容。小时候读完这本书，我就彻底爱上了希腊及其文化。

此后，我一直都对《荷马史诗》一类的古典著作非常着迷，还边读边整理神话史诗中的人物谱系。比如，我曾做过一件现在看来很无聊的事情：追溯希腊神话中那些大事件发生的确切时间，然后用钉成很长一串的白纸画时间表，根据特洛伊战争发生的大概时间、每个人的平均寿命，来估测出赫拉克勒斯在公元多少多少年离开家去斗野兽，这类问题花费了我很大的精力。但这些“工作”其实很愚蠢，且注定是徒劳的，因为如前所述，希腊神话原本也不是铁板一块，同一事件有不同的版本，是逐渐演化产生的，不可能把它变成某种连贯一致的叙述。但这也不算是坏事，因为它凝结了我小时候的热情，也使我对希腊的热爱延续至今。

另外一部对我影响很大的著作是《魔戒》。这部作品毫无疑问是人类想象力的一个巅峰。后来，我陆续阅读了托尔金的其他作品，包括他翻译的《贝奥武甫》，所以又开始对民族史诗产生兴趣，如《贝奥武甫》《尼伯龙根之歌》……就像宣纸上的一滴墨，慢慢扩散开来，虽然我读得不太系统，也谈不上深度，只是好玩就行。我非常喜欢画宗谱图和地图，托尔金的中土世界，以及马丁的《冰与火之歌》系列，都满足了我对地图和谱系图的爱好。《百年孤独》也是这样。

澳大利亚女作家考琳·麦卡洛的小说《特洛伊之歌》是我初中时读到的，写法在当时算比较前卫，用的是POV视角（即“第一人称视角”，就像《我的名字叫红》《冰与火之歌》那样，不过还要早），是一部以特洛伊战争为背景的历史小说，非常精彩。爱德华·吉本的《罗马帝国衰亡史》，则毫无疑问是英语散文中最伟大的杰作之一，我花了四五年时间读完，收获非常大。威廉·夏伊勒的《第三帝国的兴亡》，可以说是纪实文学的传世经典。拉莱·科林斯、多米尼克·拉皮埃尔的《巴黎烧了吗？》，也是历史和新闻写作的经典之作。

对我影响特别大的作品，是英国作家罗伯特·格雷夫斯的（Robert Graves）的小说*I, Claudius*（《我，克劳狄乌斯》）和*Claudius the God*（《克劳狄乌斯神》）。背景为罗马帝国初期几位皇帝的宫廷斗争，书中有我知道的最优美的英文和最令人手不释卷的情节之一。

《浮士德》也是我很喜欢的书，读过大部分中译本，还读过英译本和德语原版，很多段落都能背下来了。这是一部值得反复阅读甚至背诵的书，就像一个小宇宙，任何时代的任何人，在人生中遇到的任何问题，如爱情、婚姻、交通、政治、人情、渴望远方而不得的痛苦、国家危亡、民族命运，这本书都有讨论。《浮士德》简直包罗万象。

CHAPTER 03

我与图书翻译

我只翻译
自己喜欢的书

我是英美文学专业出身，自己最感兴趣的是文学。我开始做翻译工作是很偶然的，起初是为了提高自己的英语水平，尝试翻译了爱默生、梭罗等名家的一些作品。那时，我还是查纸质的词典、用纸笔翻译。去自习教室的时候，每次都要背两本砖头一样厚的词典，一本英汉，一本汉英。当时年轻气盛，毅力也强，如今看来实在太辛苦，也没有那样的斗志了。虽然我的那些翻译习作没有多大价值，但动笔实践的确是很好的外文学习方式，也锻炼了自己的中文表达能力，是检验自己水平的法宝。

我第一次做有报酬的翻译工作，是在读大学本科的时候。当时通过电子邮件联系了一本叫《闪电战》的军事杂志（现在已经不存在了），我想检验一下自己的英文能力，所以便来了个毛遂自荐。该杂志编辑对我的翻译能力还算认可，所以我就开始给他们译一些军事历史题材的文章，得到练笔的机会。虽然现在回过头去看，我当时的翻译水平是很低的，但在我起步的阶段，给《闪电战》翻译文章对我帮助很大，让我慢慢获得了进步和提高，是一段极其宝贵的经历。当初我给他们翻译的一本关于1944年12月苏联红军攻打匈牙利首都布达佩斯的历史书，后来有机会重版，我还逐字逐句地重新修订了译文，也就是2021年的《布达佩斯之围》一书。这本书显然会涉及大量的匈牙利语人名、地名，我为此还专门学习了一段时间匈牙利语。只是这门语言实在太难，我没坚持多久就认输了。

对于图书翻译这项事业，我一直没有什么野心。毕竟，到了21世纪还想通过翻译来留名青史（比如像傅雷那样），几乎是不可能的了。经典基本上都已经有出色的译本，作为晚辈的我没有必要重新发明电灯泡，最好的机会也轮不上我。所以我在选择翻译哪些书时，完全不会考虑“这本书是不是经典，会不会流芳千古”这类问题。我选择的都是我自己作为读者会感兴趣、愿意读的书。只要我喜欢就行。

我很乐意翻译文学作品，但最后翻译的大多数是历史书。历史和文学给译者的挑战的确不一样。翻译历史书需要你懂很多东西，再用比较流畅、舒服、简洁的语言说出来就好了，而翻译文学要花更多的时间在推敲文字上。我其实很希望有机会做更多的文学翻译。

与外版书的二三事

获得英语文学硕士学位后，我就去了南京的译林出版社工作。这是中国最有名也最重要的专注翻译外国文学的出版社之一，我小时候读过的很多世界名著，比如狄更斯、简·奥斯丁的作品，都是译林的版本。相信许多读者朋友也有类似的记忆。当然，译林不仅翻译公版的经典文学，也出版现当代作家的作品，比如卡尔维诺和朱利安·巴恩斯。

我很荣幸能在职业生涯初期就进入这样一家具有国际色彩和世界眼光的出版社。在那里，我工作的内容主要是引进和输出版权，即通过谈判和交易，把外国作者的书引进中国，把中国作者的书输出外国。在这个岗位上，我学到了很多，每年还有机会参加伦敦书展或者法兰克福书展，极大地开阔了我的眼界。我很喜欢、很享受这份工作，也十分欣慰于我能对增进中外的交流与理解做一点微小的工作。

后来机缘巧合，我认识了社会科学文献出版社的编辑，从译林离职后，干脆就去那里跟他们做了同事。社会科学文献出版社是中国最有学术地位的出版社之一，但早年一直是以出版非常专业的学术书为主，一般读者基本不会问津。不过，在我入职的两三年前，这家出版社里几位有着聪明才智和勃勃雄心的编辑，不满足于出版那些很少有人会买的高精尖学术书，而是希望出版一些既有学术水准又有可读性的作品。于是，他们在社内掀起了一场变革，成立了一个全新的工作室，也就是后来广为人知的“甲骨文”。

在西方国家，很多学者愿意为大众读者写书，比如德高望重的剑桥大学教授大卫·阿布拉菲亚（David Abulafia），他的《伟大的海：地中海史》毫无疑问是一部学术杰作，但同时也文采斐然，普通读者不仅可以读，甚至还会很喜欢。还有理查德·埃文斯（Richard Evans）教授的“第三帝国三部曲”，虽然是基于档案的严肃史学著作，但定位是一套面向大众的纳粹德国通史。克里斯托弗·克拉克（Christopher Clark）关于普鲁士王国的著作《钢铁王国》（*Iron Kingdom*），也是类似的杰作。

而甲骨文想做的就是这样的书：在学术上可靠，同时又能为大众读者所接受。当然，这里说的大众读者，是指受过一定教育的非专家读者，还是有一定门槛的。

甲骨文成立以来，累计出版了三四百种引进版图书，其中绝大多数都符合上述的标准，且都取得了惊人的成功，在读者群体中的影响非常大。很多中国读者都对西方历史很感兴趣，但外语水平可能不足以直接阅读原版，于是他们就成了甲骨文的粉丝，把甲骨文当作了解西方当代史学进展的窗口。

我先后为甲骨文翻译了二十多种历史类著作，都是当下欧美著名学者或作家的作品，比如前面提到过的英国历史学家罗杰·克劳利的“地中海史诗三部曲”，丹·琼斯有关金雀花王朝和圣殿骑士团的作品，以及杰弗里·帕克（Geoffrey Parker）的查理五世与腓力二世传记等。我本来的兴趣主要在英美文学，但后来偶然开始做历史类图书的翻译，出乎意料地得到了不少读者的认可，实在令人欣慰。而且，尽管我从事的出版、翻译、写作等工作，到目前为止还没有让我实现财务自由，可对我来说，它们确实很有意思，我也很高兴能运用自己的技能跟别人分享这种“有意思”。

从几家外版书出版品牌说开去

甲骨文的一些外版书，在中国甚至取得了比在海外更大的成功。比如“地中海史诗三部曲”（主要讲奥斯曼帝国攻占君士坦丁堡、哈布斯堡家族在地中海上与奥斯曼帝国作战、威尼斯共和国的兴衰），在中国累计售出四五十万册，远远超过了它在英国的销售成绩。顺便说一下，作为这个三部曲的中文版译者，我曾多次收到读者发来的信息或照片，告诉我说，他们正是在读了这套书后萌生了去伊斯坦布尔、威尼斯等地旅行的想法。但有些遗憾的是，地中海周边国家的政府尚未因为我对当地旅游业作出的贡献而感谢过我——玩笑话啦。

除了甲骨文，“理想国”和“汗青堂”也是当下我国历史类出版物的重要贡献者。三家出版品牌策略接近、选题类似，经常处于竞争关系，比如争夺同一位欧美作者的版权。但有意思的是，虽然互为竞争对手，但几家编辑间都保持着接触和相当友好的关系，实在是非常令人喜悦。在我周围那群读书人的社交媒体圈里，大家经常会讨论甲骨文、理想国和汗青堂出版的最新书籍，甚至有人说，如果你想了解西方的历史，主要关注这三家公司就可以了。当然，在其他非虚构作品的引进方面，更是有不少出版品牌获得了相当的成功，比如上海译文出版社的“译文纪实”系列，就引进过不少优秀作品，如何伟那几本，以及欧美和日本的犯罪纪实、新闻纪实类的社会批判作品。

2017年，我曾作为社会科学文献出版社的代表，去拜访了英国非常有实力的著名文学经纪人乔治娜·卡佩尔（Georgina Capel）。闲聊当中，她告诉我，在英语图书方面，过去德国一直是第一翻译大国，但最近几年已经让位于中国。的确，如果你有机会到德国的书店逛逛，就会发现有很大比例的书是从英语翻译而来，德国亚马逊的销售排行榜上也有很大一部分被英文书的德译本盘踞。中国的情况是类似的。从卡佩尔及其他欧美出版界人士的反应来看，中国从英语世界的翻译引进规模的确非常惊人，中国出版人可以说是在时刻密切关注西方学术界、知识界和出版界的新情况，一旦有什么好书在西方问世，很快就会被译介到中国。

也谈当下的翻译与出版

你如果走进书店，或者时常关注各类新书信息，或许会感觉我国当下的翻译出版行业好像异常繁荣，但也让人不禁好奇：为什么会是现在，而不是过去的某个时间段？

其实，自改革开放以来，我国就一直在引进、翻译和出版西方图书，但在最近十几二十年里，随着前文提到的一众出版品牌以及其他民营图书公司（比如“新经典”和“未读”）的崛起，我国的出版业与以前相比已经发生了一个质的变化。比如，我很难想象一本关于1453年奥斯曼帝国攻打君士坦丁堡的书（《1453：君士坦丁堡之战》），或者一本关于纳粹德国使用兴奋剂的书（《亢奋战：纳粹嗑药史》），在2000年之前的中国市场能成为畅销书。

对于这样的变化，我斗胆推测一下。首先是因为经济上的进步使得我国出现了一个比较富裕，也有智识好奇心的群体（不妨粗略地称之为“中产阶级”）。书毕竟是奢侈品，不是必需品，而这些中产阶级人士可以轻松地出国旅行，对中国之外的世界很有兴趣，所以更有足够的经济实力去大量购书。其次，1999年之后，我国各大高校开始扩招，越来越多普通家庭的孩子也有了上大学的机会，使得受过高等教育的中国人的绝对数量大幅增加，这想必对图书市场的发展产生了难以估量的影响。

前些年参加伦敦书展或法兰克福书展时，我常听到不熟悉中国的西方同行兴奋地说，既然这本书可以在法国卖1万册，而中国人口是法国的许多倍，那么这本书在中国一定会成为超级畅销书。如果一位西方出版人抱着这样的想法，充满乐观地来到中国，那么他大概率会大失所望。

尽管中国的人口总数很大，但像我上面说的那样的中产阶级或受过高等教育的核心读者，在总量上其实仍然算是少数。我对通俗书的市场没有研究，但像甲骨文、理想国这样出版品牌的大部分图书产品，单本销量通常在1万册左右，能够卖几万册乃至十几万册的其实凤毛麟角。因此，我翻译的那类比较严肃的通俗历史读物，在中国巨大的出版市场中所占份额仍然不大。

不过，我还是想说，尽管有这样那样的不足，我国很多做图书引进工作的出版社和民营公司，还是非常了不起的，很多译者也是很了不起的，很多编辑更是值得赞美的。他们合力为我们了解世界提供了一扇扇重要的窗口，尤其是通过非虚构作品的出版，让我们看到了这个世界的更多可能。

由于我翻译的大部分书都属于通俗历史，是非虚构作品的一个大类，所以接下去，我想延展一下，通过介绍我比较喜欢的几位通俗历史作家，来聊聊这类读物为什么值得我们去读。

“通俗历史”为什么值得读？

“通俗历史”，或曰“大众历史”“公共历史”，这类读物的受众自然是广大读者。对应的“学术历史”读物，受众则是专业研究者，往往艰深晦涩，有着浓重的理论色彩，令普通读者望而却步。尽管“通俗历史”有时显得不够严肃、不够“靠谱”，但很多英美学者和作家还是认为，“通俗历史”和“学术历史”并非水火不容：“通俗历史”也可以做到可信可靠，“学术历史”也可以吸引更多的读者。

理查德·埃文斯爵士可以说是“学术历史”的顶尖人物之一。他是英国学术院院士、皇家文学学会成员、皇家历史学会成员，曾任剑桥大学沃尔夫森学院院长和剑桥大学钦定历史学讲席教授，现任伦敦格雷沙姆学院院长。他对德国历史（尤其是纳粹德国历史）的研究受到全球学术界的广泛尊重。

但这样一位德高望重的学术大师，并不轻视“通俗历史”的作用和力量。他相信历史写作可以在学术性与可读性之间达到一个合适的平衡。比如，他自己的著作“第三帝国三部曲”就是这种平衡的典范。埃文斯还认为，历史写作在学术性与可读性之间达成平衡，是英国史学界的传统优势。与他熟悉的德国史学传统相比，他认为："英国的史学传统更有文学色彩，而德国的史学传统更有社会科学的色彩。英国的史学当然具有科学的严谨性，但在表达上更文学化。英国的这种文学化的史学传统可以追溯到麦考莱和吉本，再往后就是G. M. 特里维廉（G. M. Trevelyan）那样的辉格史学家。今天的英国历史学家在很大程度上仍然遵循着这种文学传统，包括我的前同事大卫·阿布拉菲亚等。所以英国的史学著作具有较强的可读性，是受过教育的大众能够欣赏的作品，但同时也维持了很高的学术水准。但德国不是这样。德国的史学更像是社会科学，而不是文学，并且一般也不以大众为目标读者。"

此外，埃文斯还主张，历史学家应当走出象牙塔，向公众发声，为公众服务："有很多种不同的历史，也有很多种不同的历史学家。整理和研究古代文献很重要，即便这样的文献在全世界可能只有几十个人读，但它可以流传千古。但我认为，只要自己有能力、有机会，学院派的历史学家应当向公众发声，与公众交流，从事普及传播工作，扮演起'公共历史学家'的角色。因为历史学有助于人们对当今事务（不仅是政治的，还有社会的、文化的）的理解。我相信，历史学家有责任、有义务向公众发声……在德国，学术书和大众书之间的分野，比英国的情况要泾渭分明得多。或者说在德国，学术书和大众书之间有一道难以逾越的鸿沟；而在英国，二者之间有很多交叉和重叠。这是出版行业的差别造成的。德国有大量学术出版社，专门做高精尖的学术出版，不走市场化道路，而是从大学等机构获得资金来维持。这样的学术出版意味着他们对公众传播没有兴趣，对大众读者没有兴趣，对商业利益没有兴趣，因此不在乎内容的可读性。德国的历史学家即便在写作比较简单易懂的书，比如贝克（C. H. Beck）公司的'知识'（Wissen）系列时，面向的目标读者也是自己的学生，而不是公众。而在英国，学术书和大众书跨界的情况很普遍。很多学术书是公众可以阅读和接受的，所以能成为畅销书。而且英国很少有德国那种完全靠吃补助、没有商业化的学术出版社。英国的出版社，即便是大学出版社，都要考虑商业利益，所以希望有尽可能大的受众群，对可读性的要求较高……英国历史学家擅长写作，能够为大众阅读和接受，所以他们研究外国（比如德国、法国、意大利、西班牙等）的著作往往在该国更容易被接受。比如研究德国的伊恩·克肖（Ian Kershaw）、理查德·奥弗里（Richard Ovcry）；研究意大利的丹尼斯·麦克·史密斯（Denis Mack Smith）；研究西班牙的保罗·普雷斯顿（Paul Preston）与雷蒙德·卡尔（Raymond

Carr）；研究法国的西奥多·泽尔丁（Theodore Zeldin）和理查德·科布（Richard Cobb）。英国历史学家的著作拥有兼具学术性和文学性的悠久传统，而这种传统让他们在自己研究的对象国也能受到欢迎。克里斯托弗·克拉克（Christopher Clark）是个很好的例子，他在德国非常受追捧。所以我觉得英国历史学家填补了欧陆历史学界的一个空白。”

埃文斯已经算是老一辈的功成名就的资深学术历史学家。比他年轻的英国历史学家和作家当中，有很多人的想法与他类似。比如“80后”丹·琼斯是剑桥大学的历史专业科班出身，是史学大师大卫·斯塔基（David Starkey）的得意门生。琼斯的《金雀花王朝》《空王冠：玫瑰战争与都铎王朝的崛起》等通俗历史作品在全球都颇受欢迎。在2015年接受我采访时，琼斯曾表示：“我认为，如果你的写作水平不够，即便你是伟大的历史学家，也不能吸引人们去读你的书，那么学术研究就变成了一种知识的虚荣……我的导师是大卫·斯塔基。他是一位了不起的写作者，非常厉害，他的文字典雅、干脆利落、铿锵有力。15年前，我在他指导下读书时，他除了教我历史，每周也教我散文写作。学习如何写作……历史是人类成功与失败的总和。历史是最伟大的材料，有些人却把它搞得很枯燥乏味。要想把历史弄得无聊，真得非常努力才行。我觉得，把历史书写得无聊，应当算是‘刑事犯罪’。”

另一位英国历史学家、曾荣获沃尔夫森大奖（埃文斯也曾获该奖）的安德鲁·罗伯茨著有《拿破仑大帝》等书。他也表示：“写那种沉闷无趣的历史学论文，只能摆在大学的书架上，没有人去读，这令人沮丧。如果你想当历史学家，就必须得有人读你的书。那你就必须拥有优美的、吸引人的文笔。这样才能吸引读者，让他们想读更多。所以，伟大的历史著作，也必须是伟大的文学著作。”

图书译者会被
AI取代吗？

图书译者会被AI（人工智能）取代吗？这是近年来很多同行和读者关心的话题，尤其是在近期一些AI模型已经得到普遍应用之后。

首先强调一下，我对技术方面并不了解，所以只能从作为译者和读者的主观感受来谈。

据我观察，在合同、法律文书等商业翻译或签证申请材料之类应用文的翻译当中，机器翻译技术的效果已经非常好。

在社科图书的翻译中，AI的翻译作品虽然还达不到出版的要求，不能直接拿过来用，但已经超过了相当多的人工译者的水平。如果仅仅想大致了解一下文本的意思的话，用AI基本上是可以的。不过，如果要正式出版的话，还是需要高水平的人工编辑来修改。

另外，用AI从英文翻译到中文，似乎已经得到了很好的研究，所以效果不错。但是，在2025年初，我尝试过用AI从德文翻译到中文，试验的材料是在语言上比较复杂的文本（句式复杂，文风老派，读者需要高度依赖上下文来理解），结果是相当糟糕的，而且错误非常低级。这也许是因为AI对德汉翻译的掌握水平还不高，也许是因为对于复杂、艰深的文本，AI还难以胜任。不过，这些也许都只是技术问题，假以时日不难解决。

有人说，AI不能翻译文学作品，不能转达“文学性”和人类情感中的一些复杂的、微妙的、非理性的东西。就目前来看，AI翻译文学作品的质量似乎确实不如翻译应用文和社科作品，但我不认为文学相较于后两者具有什么“免疫性”，或者面对AI大潮的冲击拥有什么固若金汤的防御。

如果你想到，人类的情感，比如一见钟情的那种奇妙感觉，在很大程度上是生物化学和生理变化的话，那么，用文学作品AI来模拟情感，恐怕也只是一个技术问题。所以我相信，将来AI也完全能做到比较好地翻译文学作品。

但是，AI翻译有几个麻烦。首先，翻译的好与坏、正确与否，是很主观的，是需要人来判断的，机器目前还无法做价值判断。机器可以纠正语法，在一定程度上可以判断“对”与“错”，但好像目前还比较难判断“好”与“坏”，以及“好”与“更好”。

就目前来看，还需要一个拥有较高水平的人（可能是编辑，也可能是人工译者）来对AI译作进行裁决、审核、修改和加工。这样的仲裁者在今天是不难找的。有经验的译者和编辑都能发挥这样的作用。

但是，我估计，在将来这样的仲裁者会越来越难找。为什么呢？今天的仲裁者之所以有仲裁能力，是因为他经历了人工翻译时代，拥有大量阅读的积累和翻译的实践经验。这样的人在今天其实也不算多。编辑朋友们一定会觉得优秀译者难找，而译者和作者也会抱怨高水平的编辑难得。这和社会的大气候也有关系。愿意花力气、下苦功夫去阅读和磨炼的人，相对于整个人群，必然是很少的。

在AI时代，一切似乎得来全不费工夫，那么愿意吃这个苦头去努力学习的人恐怕就更少了。而没有经过这样一个艰苦学习过程的人，怕是很难获得足够的能力去仲裁译稿的好与坏、好与更好。

在某个场合我遇见法文翻译家袁筱一教授，她提出，在AI时代，人会逐渐丧失翻译的能力。我非常赞同这一点，而且人不仅会丧失翻译能力，还会丧失鉴定翻译水平的能力。

道理很简单，这种能力的培养和获得是非常辛苦的，耗时也很久，何况也不是人人都拥有必需的天资。所以对获取这种能力感兴趣的人，恐怕会越来越少。

生活在今天的人类，其实早就已经丧失了很多能力。比如，绝大部分现代人是没有野外生存能力的。

历史上的很多手工技艺，也消失在了历史长河中。我是80后，我的父母那一辈人，很多还会缝缝补补，打毛衣，甚至自己做衣服。我们80后或者更年轻的90后、00后，会做这些活计的人就少得多了。

我觉得翻译也是这样一种会在“现代生活”中逐渐消失的能力。这是很遗憾的，令人悲伤的，但恐怕是不可避免的。

但从另外一个角度想，并不是因为成衣工业取代了传统的手工制衣行业，裁缝就完全消失了。很多高端的服装，仍然强调手工制作。并不是说汽车跑得比人快，人就再也不跑步了。跑步丧失了交通功能，但人们发掘出了它的其他功能：强身健体是重要的方面，但更重要的是，跑步令人愉快。很多已经不能成为行业的手工技能，也仍然具有审美价值和娱乐价值。

翻译也是这样。苦苦思索之后得到一个绝妙的译法，踏破铁鞋寻找资料之后终于解惑，都给译者一种“Eureka!”式的快乐。译者的这种快乐，是只有同行能够体会到的，也是AI给不了的。

另外，就目前来看，AI对社科和文学作品的翻译，虽然与过去相比确实取得了惊人的进步，效果也相当好，但也只能说是胜过了大多数蹩脚的译者。AI

翻译还是会经常犯错误，而且会犯莫名其妙的错误。另一方面，翻译并不是词句一对一的转换。如果它是的话，AI早就凭借强大的算力取代人类译者了。翻译有的时候是艺术创作，或者说再创作。就我个人看来，AI的作品目前还显得平庸、扁平、无趣。所以，它已经能够很好地处理应用文，但在社科和文学作品当中还是差点意思。比较准确地表达原文的意思，与心血来潮的妙手偶得相比，还是有很大差距的。我很担心，在AI普遍应用于文学翻译后，会涌现出一大批虽然挑不出什么硬伤但如白开水般无聊的译本。

但话又说回来了，人类译者不也是制造了很多白开水般无聊的译本吗?

以上我说了不少似乎自相矛盾的话，但我要为自己辩解：AI翻译本身就是一个自相矛盾的话题。时间还早，我们拭目以待就是了。

但我觉得，在AI时代，翻译其实是不太重要的问题。对AI来讲，翻译也不是最重要或者最核心的功能。如果人类会丧失翻译能力的话，那么其他很多能力也都会丧失，比如学习能力。随着AI的进一步发展，人们大概会变得更加不学无术。我很难想象，人类失去了学习能力之后的前途是什么样。我猜测，AI的发展会像脱缰的野马，人类很难约束和驾驭它。

难道要像《黑客帝国》里那样，人类的肉体沦落为机器的电池吗？我觉得长远来看，人类的前景是比较悲哀的，翻译能力的丧失与更宏大的悲剧相比，根本不值一提。AI目前带来的一些工作效率的提升，长远来看对人类恐怕是得不偿失的。

不过，再转念一想，人类凭什么要无限发展下去呢？发展总是一个过程，由盛转衰、由衰而亡也是自然规律。想到这个，我就释然了。还是停止胡思乱想，做好手头的工作，为人工翻译站好一班岗吧。

我的一些工作习惯

在本章最后，我想简单来聊聊，我在翻译一本书时遵循怎样的流程，以及我常用的一些辅助工具，也许能给大家一些启发。

引子中曾提到我和何雨珈、李昊talk shop，当时雨珈曾说自己如果在翻译中遇到什么难点，都会集中力量去攻坚。译者的工作习惯可能千差万别，雨珈是迎难而上，我则是知难而退。

我在翻译初稿时，如果遇到困难，就会用Word软件的高亮功能将它标注出来，然后绕开它。困难也分很多种。有的是非常陌生的词汇，需要查高级的词典；或者干脆就是有一段文字我看不懂，需要仔细研究；或者是我对句子的翻译过于生硬，需要润色；或者是一段出自经典（如《圣经》《古兰经》或莎士比亚著作）的文字，我不应当自己翻译，而是需要借用现有的译法，所以需要查询；或者是我认为原文有错；或者是我对相关的史实没有把握，需要查资料……情况千差万别，但都需要花费精力来处理。我会暂时绕过这些难点，把它们标注成黄色、绿色或红色，就像工兵初次勘察雷场之后小心翼翼地插上小旗了，标注疑点，稍晚再借助工具来排雷。我在第一遍译这个稿子时，并不恋战，仅仅是排查出难点。所以，在初稿中，我宁愿译得生硬些，也要紧贴原文的意思。

我的初稿完成后，必然是花花绿绿的，标出了各个“地雷”的位置。然后我开始集中精力来排雷。这其实是我比较享受的过程，因为通过查询各种资料，我往往能获得不少新知；斟酌字句，努力设计出一个恰当的表达，也是非常有趣的工作。

身处网络和数字化时代，我们也比前辈拥有更便捷、更强大的工具——英、德、法文的维基百科，谷歌地图，电子化的《外国地名译名手册》《世界人名翻译大辞典》等工具书。如果疑难还是得不到解决，我就从网上专业学术数据库查找、搜索。

现在我已经较少使用英汉或者德汉词典，而主要用英英或者德德词典，因为有些细微的意思，用外文解释外文往往会更准确。除非是要查专名，比如某种鸟的中文名，那就只能借助英汉或德汉的工具书。维基百科旗下的Wiktionary是一部特别好用的在线词典，它的妙处在于可以将多种语言都列出来。比如同一个词，拼写完全一致或者类似，但在不同语言中的意思不同，甚至词源都不同。Wiktionary就是一部“比较型”的词典，非常有趣，也常常能让人举一反三。

因为我的历史图书翻译往往涉及地理，所以谷歌地图对我的帮助特别大。尤其是在翻译大师级历史学家大卫·阿布拉菲亚的《无垠之海：世界大洋人类史》这样几乎涉及地球每一个角落的巨著时，光看书中的二维地图往往很难把握到人类的航线为什么是这样的而不是那样的，或者某个地理特征为什么具有特别的意义，而谷歌地图这种可以随意缩放、测量距离的电子地图，对我的帮助就特别大。

现在很多地图都提供了街景功能，对我也非常有帮助。比如书中描述巴黎某条街道时，我会去直接感受一下那个地点究竟是什么样子。直观的视觉认识对理解原文往往有帮助。

有时碰到一个有关英国中世纪封建制的词，摸不准它的确切含义，中文里好像也很难找到合适的表达，我就会去查专业的数据库。这样可能会搜索出来几篇有关它的论文。等读完，就明白它究竟是怎么一回事了。

我也会借助网络社交工具，向某个专业领域的网友或原书作者请教疑难点。在翻译印度裔作家鲁西迪的小说《摩尔人的最后叹息》（*The Moor's Last Sigh*）时，我向网络上的印度朋友求助，请他们协助翻译书中有关印地语和乌尔都语的段落，解决了不少难题。

排除了所有地雷之后，我会对译稿进行第三遍处理。这次就是抛开外文原版书，只看中译本，以一个读者和编辑的眼光，对译稿的文字进行润色，只有在发现疑点时，才去查阅原版书。毕竟我做翻译是为中文读者服务的，所以希望译稿出来之后是流畅、清晰、简练的中文。

第三个工序完成后，我会把译稿搁置一个月，把它“冷却”一下。在这一个月里，我会做别的工作，比如可能会开启下一本书的翻译。我希望通过一个月的搁置，能够让自己与稿子之间拉开一段距离，跳出“当局者迷”的困境，发现自己以前发现不了的问题，查漏补缺。

以上就是我做翻译时的工作习惯。它不一定适合别的译者，但是我目前习惯的流程。

尽管每一次都是尽力而为，但还是免不了出错。每当书出版后，我自己常常没有勇气打开来再看。刚译完时觉得自己做得还可以，隔半年后就觉得还是有不少尴尬的地方。我早期出版的翻译作品，我一般不会回头再去看了，但是假如有机会重版，我一定会抓住这个机会重新修改一遍。例如“地中海史诗三部曲”后来出了一个精装本。出版前，我在电脑上从头到尾全部修改了一遍。回头再看曾经翻译的作品，一下子看出有很多错误、硬伤，会觉得惭愧，然后从头到尾改一遍。所以翻译工作的确是需要不断地努力，不断尝试提升自我。

再举另外一个例子，许多年前我翻译了美国小说家菲利普·罗斯的政治讽刺小说《我们这一帮》，但是因为种种原因没有出版。前两年版权换到上海译文出版社，最近刚刚出版。因为有机会在上海译文出版，所以我花了不少时间从头到尾重新修改，揪出了几年前翻译的很多令人惭愧的地方。

我相信很多翻译工作者可能都会有类似的体验：刚刚把一本稿子完成的时候会觉得自己好棒，但是冷却一段时间，重新再来看的话，就能看出许多问题。如果发生这种情况，我觉得是好事，说明确实是有所进步，能够觉察出自己过去不好的地方。

我觉得翻译像一项体育运动——篮球或者是长跑，需要保持一种训练度，每天都要训练，保持一定的工作量，对自己进行持续的、长期的训练和磨砺。这样的话才能够始终保持一种比较好的状态。第二是加强阅读。因为我一直是文学爱好者，虽然翻译的大部分是历史作品，但是选择阅读的话一定会读文学作品。例如我最近在读一本契诃夫的短篇小说集，是一位20世纪初的英国人翻译的。没有功利心的、没有目的性的阅读，我觉得是最好的。

翻译是一种艰苦的劳动。在劳动过程中，人需要休息。我的习惯是每工作一个小时，会休息十来分钟，躺下休息颈椎，同时利用这个时间听一些东西。我喜欢听英文的有声书或者播客，听一些跟我做的主题完全不相干的话题来休息大脑。如果实在太累的话，就走出房门到外面去。我本身是一个懒人，不太爱动，但过去几年发生的一些事，让我认识到了运动的重要性，所以我也开始每天锻炼。时间管理的话，我觉得就是要形成一种工作习惯和工作节奏。每个人的节奏不一样，大家需要自己把握。

现在上网这么方便，各种社交媒体也很吸引人。我也会一不留神就在微博、小红书之类的网站上浪费很多时间。为了自制，我倒有一个招数。我做翻译工作的时候会完全断网，家里面以前是拔网线，现在是无线网，就把路由器关掉。我给自己的规定是每工作一小时要休息十分钟，以前是用手机定闹钟，后来发现手机放在旁边诱惑力太大，非常浪费时间，所以我会在工作的时候把手机放到另一个房间，在电脑上下载一个软件来给自己定时。工作的时候，比方说需要查资料，我先在文件里标红标蓝，最后一起来查。这样就避免了上网查资料的时候刷各种网站，浪费了大量时间却没有任何产出的现象。这是我个人的一些经验，我觉得断网和断手机是非常有帮助的。

CHAPTER 04

几个“如何”

如何看待
原版作品与中译本的差别？

很多不太了解翻译工作的人，会把翻译误解为词或短语的一对一转换。其实，这种一对一转换既不可取，也做不到。一个合格的译者应当能够比较顺利、比较完整、比较准确地转达原文的意思。但要再上一个境界，把原文的妙处转达出来，就非常困难了，不仅对译者的要求极高，而且还需要一点运气。

我在青葱时期读歌德的《少年维特之烦恼》中译本，读完的感受是："什么？就这？"这也能让无数痴男怨女感动得死去活来，甚至让人自杀？多年之后，我达到了能够阅读此书德文原版的程度，读了之后大受震动，屡次热泪盈眶，其中很多句子甚至能够背诵下来，反复吟诵。

是因为那个中译本译得不好吗？并不是。那其实是一个上佳的译本。但和歌德的原著相比，哪怕是优秀的译本，也始终差那么一层意思。原著中的精妙美好、动人心扉之处，完全无法通过翻译转达，哪怕该译本在字面上是忠诚的、在中文的文风上也是优美的。所以说，在翻译过程中丢失的东西太多了，这些东西都只能通过抛弃翻译的中介、直接阅读原文来获取。这也是翻译的遗憾之处。它毕竟是一种努力去无限接近，但始终不能“抵达”的艺术。

所以，通晓外文的读者，想必经常会有这样的感受，那就是一个译本虽然质量已经很好，但读起来就是没意思，仿佛是白开水相对于葡萄酒。白开水当然也很好，甚至比酒更有益于健康，但光喝白开水，人生还有什么意思呢？所以我总是敦促热爱文学的朋友们，一定要学好外文，其中头等重要的是英文，如果还能学习别的语言的话，就更好了。一个文学爱好者应当有这样的觉悟，应当愿意去吃点苦头，学学外语。何况，这个学习的过程本身也是美好的。

如何看待
编辑对译稿的修改？

我自己也做过编辑，所以对“山的两边”都比较熟悉。从编辑的角度来讲，完全不需要加工就可以直接出版的书稿，几乎是完全不存在的。经验丰富的作者/译者会深切地懂得优秀编辑的重要性。就翻译来讲，当局者迷，旁观者清，很多问题是译者自己看不出来的，所以非常需要别人的意见和建议。我有幸与好几位优秀的编辑合作过，对他们很感激。

但是，缺乏经验的编辑也会令译者苦恼。在我看来，好的编辑就像好的医生，会比较克制自己，不会对文稿“过度治疗”。编辑的原则实际上应当是，能不改的就不改，尽量保持稿件的原貌。但是缺乏经验的编辑往往会对稿件大刀阔斧，深度修改，甚至企图将自己的文风强加于稿件之上。比如我亲身经历过的一个例子，我的原文是“此事的原因是……”，编辑非要修改为“此事的原因在于……”这样的修改是毫无必要的。

编辑的水平完全可能高于作者/译者，但私以为，编辑的职责是消灭文稿中的错误，而不是试图“改良”或“提升”文风。一个病人进了医院，医生给他治病就好了，不要想着给病人做医美手术，让其变得更美。当然，除非病人自己的要求就是做医美。同理，编辑不宜有太强的主观能动性，不宜反客为主，不宜过度“发挥”。如果有发挥的热情的话，不妨自己去搞创作或做翻译。如果编辑认为需要有较大的改动，最好还是与作者/译者商讨，双方达成一致。千万不要自作主张。

如果编辑花费很大力气去做了不必要的修改，即便改得好，作者未必念你的情，读者也不会知道你在其中的辛苦。何况，编辑的水平也完全有可能不如作者/译者，那就难免弄巧成拙。

以上是我自己做编辑的时候，经常告诫和提醒自己的。

如何面对读者的批评？

如果有人为我翻译的书挑错，我当然欢迎，因为这是别人在花费自己的时间和精力，免费帮我校对，帮助我学习新东西。挑错是具体的建设性意见，我对具体的建设性意见十分欢迎。

很多读者曾通过微博等渠道给我提意见、挑错，我都会认真去看。举个例子，《1453：君士坦丁堡之战》里有个地方讲到quartertone，我是个乐盲，望文生义地译为四分之一拍子，有位读者指出，应当是四一拍，即四分音节为一拍、每小节一拍。这是一次让我特别高兴的纠错。

当然另一方面，对不具体的、没有建设性的意见，比如"这本书不好看""这本书里人名太长，记不住"(《金雀花王朝》受到过这样的批评)"封面难看""这本书太浅，缺乏学术性""这本书太深"，我会付之一笑。人们当然有权表达自己的观点，但我也有权笑一笑。

另外，面对读者对一本译著的批评，只要不涉及具体的翻译问题，我越来越持超然的态度。毕竟，我只是译者，那不是我的书嘛。作为译者，我相信自己已经尽力而为了，能做的都已经做了。在那之外，就是作者的责任了。反过来，如果是我的译著获得了成功，得到了读者的认可，我也会认为绝大部分功劳和荣耀属于作者，我只是做了一点微小的工作而已。

如何看待直译与意译之争？

我们经常能在网络上看到这样的评价："翻译太差，一定是直译的。"

这很奇怪，难道直译就等于差？关于直译和意译的问题，已经有很多翻译理论家的论述了。不过我觉得，翻译理论家和翻译实践者的视角还是不大一样。我只能从翻译实践者的视角来讲讲，抛砖引玉。

我以前觉得，自己的译文还是比较接近原文的。但最近有朋友说，我的译文距离原文比较远，都是用中国话把原文的意思表达出来。

这让我很高兴，因为我素来认为，翻译的目的，就是把原文的意思用中国话表达出来。翻译是为不懂外文或外文程度不够的读者服务的，所以我觉得，意义的顺利转达比表面上的字面忠实更重要。简而言之，就是说中国话。那么，按照刚才讲的那位读者的说法，这就是意译吧。

当然，另一方面，在外国的文化背景里，我尽量避免使用中国文化味道太浓的表达。当然不是说完全排斥中国成语、熟语。比如在讲欧洲历史时，"矮子里面拔将军"是可以接受的说法，"蜀中无大将，廖化作先锋"就有点出戏了。

如何解决
翻译中遇到的困难？

从我个人的经验来讲，翻译过程当中文化问题是最难解决的。例如涉及文化、宗教、政治、历史的概念，以及官制、机构等，往往需要绞尽脑汁来寻找合适的翻译。在中文语境里，有的时候更为棘手。

举个例子，比方说官制，很多官名非常难翻译。中世纪历史里有各种官名，例如Constable、Chancellor、Steward等，在不同国家、不同历史时期、不同语境里有不同的意思。比如拉丁文comes后来演化成英语中Count（伯爵），在罗马和拜占庭，comes不是爵位而是官名，许多种comes都是不太容易找到合适译法的。

另外，因为我们的翻译家前辈犯了一些错误，大家已经习以为常，我们只能将错就错。例如披头士的歌曲Norwegian Wood，实际上是“挪威的木材”，而日本人将其误译为“挪威的森林”，导致村上春树的小说在中文中也被称为《挪威的森林》。

基本的语言问题都可以通过查字典解决，即使一些俚俗的语言、网络俚语不太容易查到（网络上的Urban Dictionary已经收录了大量的俚语，对译者非常有帮助），也可以在网络上咨询外国人。比方说我翻译鲁西迪的小说时，里面有很多印地语、乌尔都语、波斯语词汇，当时我在网上问了几位印度朋友，很有帮助。

所以我认为，这些问题都是可以解决的，只要你肯花功夫。

如何翻译
谐音梗笑话？

有些笑话是普世的，比如嘲笑被戴绿帽的男人的笑话，在很多语言中都有。但有的笑话与具体的文化语境联系紧密，就很难翻译得恰当。谐音梗更是翻译的一大难点。

我也没有什么好的办法，一般会加一个注释，把笑话的“梗”或者“笑点”解释给大家。这样操作似乎比较无趣，但我还是希望提醒读者，作者的言外之意是什么。

比如在鲁西迪的小说《摩尔人的最后叹息》中，开头就有一个谐音梗。1517年，德意志神学家马丁·路德在维滕贝格教堂大门钉上他的檄文《九十五条论纲》，谴责天主教会的腐败和销售赎罪券等行为。此事件是宗教改革运动的催化剂。而《摩尔人的最后叹息》的叙述者被情人说是“满肚子都是论纲，却找不到一扇教堂的门去钉”。结果叙述者的那位牙尖嘴利的母亲说他“满肚子都是粪”。这就是因为英语中，论纲（theses）与粪（faeces）发音相近。

我加了一个注释，解释这个谐音梗。否则读者很难从中文当中抓住作者的这个幽默之处。

有人认为，翻译小说时不宜加注释。但我没有这个忌讳。阅读和翻译鲁西迪这样一位英语语言大师的作品是极具挑战性的，鲁西迪的文字密度极大，一句话往往有好几层不同的含义，而且鲁西迪在作品中经常援引西方文学经典，融汇伊斯兰及印度教等多种文化传统，同时也大量运用欧美流行文化中的典故。这些都给阅读和翻译增加了难度，也提升了乐趣。

我在翻译《摩尔人的最后叹息》时，加了大量脚注，来解释他玩的很多“梗”。其实如果是一个英文水平较高的人来读这本英文小说，其中的很多“梗”是一目了然的，但翻译成中文之后就不那么明显了。如果我仅仅是把原文的字面意思翻译出来，那么大多数中文读者就会丢失很多“信号”。那就太可惜了。

如何处理那些汉语中没有对应说法的词汇？

现在回想起来，一个让我很难忘的例子，是德语的历史概念Mediatisierung和Standesherr。这两个词有复杂的特殊含义。

在德意志历史上，因为中央王权长期衰弱，大批贵族尽管名义上是神圣罗马皇帝的封臣，但实际上是独立国家的统治者。直属于帝国和皇帝（reichsunmittelbar），意味着拥有主权（不过与现代的国家主权不能等同），这样的贵族可称为“诸侯”或“邦君”（Fürsten或Landesfürsten），或Standesherr。这个意义上的Standesherr等同于诸侯/邦君。

但是，随着大鱼吃小鱼和政治版图的整合，拥有主权的邦君越来越少，低级贵族（伯爵、男爵、骑士）大多丧失了主权，臣服于别的贵族。丧失主权、丧失帝国直属地位的过程，可称为Mediatisierung。用英语来解释的话，这个词的字面意思就是，使之失去直接的性质（immediacy），使之变成间接的（mediate）。那么如何翻译Mediatisierung这个概念呢？如果是在一个句子当中的话，还可以绕开它，换一种说法。比如，如果原文是某某经历了

Mediatisierung，那么我可以翻译为某某“失去了直属帝国的地位”。但如果就是要翻译Mediatisierung这个词本身，该怎么办？这个问题让我苦恼了很长时间，后来偶然发现，中文当中虽然没有现成的好的翻译，但是日文中有。日文称之为“陪臣化”。

其实“陪臣”一词并非日语，而是源自中国先秦的一个概念。周天子的臣子是诸侯，诸侯的臣子是大夫，而大夫又有自己的家臣。所以大夫对于天子，大夫之家臣对于诸侯，都是隔了一层的臣，称为“陪臣”。日本历史上也有类似的概念。把这个概念搬到德意志历史上，绝对是一次巧妙的移花接木。所以我就欣然借鉴日本学者的说法，将Mediatisierung译为“陪臣化”，然后将丧失帝国直属地位的贵族称为“陪臣”。

翻译历史书时，最难的大概要算头衔、官衔、机构名之类的翻译，即为陌生的概念“定名”。我个人遇到的最棘手的问题，要算“Prince”一词的译法。“Prince”这个英文词说得好听些是杂货铺，说得难听些则是垃圾箱，它可以用来翻译不同历史时期、不同语言和文化背景的许多不同概念，包括俄文词“Князь”（Knyaz，王公、公爵等）、德文词“Prinz”和“Fürst”。英译者的工作比较轻松，遇到这些词可以一股脑儿全部译为“Prince”，但要如何把五花八门的“Prince”翻译成中文，中文译者就要伤很多脑筋，因为Prince是王子，还是亲王，还是别的什么呢？都有可能。德语的Prinz是不能够跟英文的Prince直接画等号的。比方说在中文里，明清历史中亲王是皇帝的近亲、皇帝的兄弟或者子侄等。但在德意志历史上一位Prinz，很可能是公爵的儿子或侯爵的儿子，如果把公爵的儿子称为王子或者亲王，在中文中会显得很怪异。类似这种概念上的麻烦，我相信翻译工作者肯定都有体会。

比如海因里希·冯·克莱斯特（Heinrich von Kleist）的著名戏剧*Prinz Friedrich von Homburg*常被译为《洪堡亲王》，也有人用《洪堡王子》的译名。让我把注意力转向“德意志贵族”这个话题的，最早就是“Prinz”和“Fürst”这两个词的翻译问题。

说到贵族，中国读者最熟悉的大概是英国贵族吧。英国贵族的等级（貌似）十分清晰简单：公侯伯子男（当然还有从男爵、骑士等）。实际上，这是在用中国古代的概念来生搬硬套，英国的“Duke”与“Marquis”和中国的公侯肯定不能等量齐观，何况中国的这些概念在不同朝代也不一样。不过，“公侯伯子男”这一套译法已经约定俗成，我对它相当尊重，不敢怠慢。

拿“公侯伯子男”去套英国（以及法国）贵族，问题不大，但如果去套德意志贵族，麻烦就来了。因为诸多原因（比如长期的割据导致诸邦实际上是独立的主权国家），德意志贵族的头衔和等级比英法复杂得多。例如光是与“伯爵”（Graf）相关的头衔，就有“Graf”“Markgraf”（边疆伯爵）、“Landgraf”（方伯）、“Reichsgraf”（帝国伯爵）等。因为有特殊的皇帝选举制度，德意志还有选帝侯（Kurfürst）头衔，这是英法没有的东西。

CHAPTER 05

一些答疑解惑

我这本谈翻译的书属于“阿尔法文库”，一个以职业漫谈为主题的原创系列。在我动手开始写之前，编辑部曾向读者征集过问题，一方面是希望能给我提供一些写作思路，另一方面也想增加互动性，给大家带去更有针对性、更有实用性的帮助。在写作过程中，我把大部分问题都融到了前面四章中，但有些很值得给大家讲讲的问题，好像放到哪章都不太合适，于是便决定挑几个我或许能说得上一二的问题，一并放在这里，希望能对有志于从事图书翻译或编辑工作的朋友有所助益。为了方便理解，我比照一般的出版流程，对问题进行了排序和修改。

外版书的引进过程

目前在中国，翻译出版的图书大概有两种，即版权书和公版书。

版权书是指通过版权贸易从国外购得的作品。我在译林出版社曾从事过几年的版权贸易工作，说白了就是与外国人买卖图书的版权。例如，J. K. 罗琳在英国出版了一本新书，中国读者肯定也会感兴趣，那么就会有很多中国的国营出版社或民营图书公司去联络罗琳的经纪人或英国出版商，花钱买下在中国出版罗琳新书的权利。当然了，罗琳这样的明星作者，版税自然是高昂的，中国出版人要付出不小的金钱代价，获得罗琳的授权，然后就可以在中国出版她的新书了。

但罗琳的书是英文的，所以需要将其翻译成中文。于是，中国出版人就需要招募一位或几位译者。

那么，谁会成为罗琳新书的译者呢？一般来讲，出版社的编辑会优先在他或她熟悉的译者当中选择，最好是知名的、水平得到公认的译者。偶尔出版社也会在网络上公开招募译者，大家看到这样的新闻，如果有兴趣的话不妨尝试。但从我自己做编辑的经验来看，“海选”的效果可以说是沙里淘金，有热情的尝试者很多，但很少能够寻觅到合适的译者。

当然，有志于从事翻译工作的朋友，也可以毛遂自荐。你可以先考虑一下，你对哪种类型的书感兴趣，比如是小说，还是历史书，还是科普？找到了自己感兴趣并且自信能够胜任的领域之后，你就可以去了解一下，在这个领域内，有哪些知名的出版机构。例如，上海译文和南京译林擅长做外国文学；“甲骨文”和“理想国”擅长做历史书和社科书；“未读”擅长做科普和艺术书……

了解了各个细分领域的大佬都是谁之后，你就可以看看它们的网站、微博、微信公号等，寻找联系方式，与它们联系。你可以通过电邮或者其他方式做个自我介绍，表达自己的兴趣，请对方提供机会。出版社如果需要相关领域的译者，并且对你感兴趣的话，一般会请你试译。这通常是一两千字的文章，出版社会请你将其翻译出来，根据结果来判断你的水平。

找到了合适的译者之后，出版社就会与译者签合同。然后译者就可以开工了。以上就是版权书的引进过程。

下面再说说公版书的情况。为了保护作者的知识产权，各国政府都有相关的法律规定。在西欧和美国，一般是对作者在世期间及其去世后70年之内的知识产权予以保护。也就是说，在作者活着的时候，以及从他去世的那一年开始算起的70年内，任何出版社要出版他的作品，都需要得到他或者他的代理人的授权。一般来说，作家去世之后，他的作品的著作权就属于他的继承人（一般是子女）。有的作家去世后，其著作权会交给一个基金会来管理。在中国，法律规定是，保护作者在世期间及其去世后50年的知识产权。过了这50年，一本书就算是“公版书”，或者说是“进入公共领域”，任何出版社都可以免费使用。比如，鲁迅是在1936年去世的，早就过了50年的保护期，那么任何出版社都可以出版鲁迅作品，无须付报酬给鲁迅的后人。但是鲁迅先生的儿子周海婴先生于2011年去世，他写的回忆鲁迅的书还在版权保护期内，还不是公版书，所以出版社必须获得周海婴先生之子女的授权，才能出版这本书。

因为西方保护70年，而中国保护50年，所以发生过一些误会。一位美国作家的作品，在中国已经进入了公共领域，但在美国仍然是受著作权法保护的，所以美国人会感到诧异，为什么中国的出版社可以随意出版某位作家的作品。那么中国出版社是不是违反了著作权法，是不是做了盗版呢？倒也不是，因为在中国领土上，自然要执行中国的法律。

既然公版书无须考虑从外方获得授权，中国的出版社就可以比较自由地处理。所以你会发现同时有很多不同的出版社都在出版《傲慢与偏见》，而只有一家出版社可以出版《哈利·波特与魔法石》。托尔金的作品也在近些年进入了公共领域，所以一下子出现了好多不同的版本，出版社不同，译者也不同，译文水平也自然有高下之分。不过，译文质量不是一个“绝对”的问题，而是“相对”的。同一本外文著作，完全可以同时有好几个优秀的译本，大家各有千秋、百花齐放。

比如，前面说过，我是歌德的长诗《浮士德》的粉丝。我读过《浮士德》的大部分中译本（钱春绮、樊修章、绿原、杨武能、董问樵等），读过英译本和德文原版，很多段落都能背诵下来了。遇到精妙或者难译的部分，我还比较过多个译本。这个比较的过程本身就很有乐趣。最后我发现，自己最喜欢的还是郭沫若译本。这个译本的准确性较为逊色，偏离原文较远，甚至还有误读和误译，但最有诗才，最有“韵味”。

那么，如果你要读一本公版的名著，比如《简·爱》，却发现有好多不同的译本。普通读者自然不可能把所有译本都买来，逐字逐句地比较。如何挑选呢？一般来讲，可以看译者和出版社的口碑。较有名的译者和实力强的大出版社，一般会更让人放心一些。不过也不一定。

到目前为止，我还较少翻译公版书，因为很容易被人拿去与别的译本作比较。倒也不是说我不自信、不敢与别人比试，而是有很多公版书已经有非常经典和脍炙人口的译本，我如果重起炉灶，虽也自信会在某些地方比之前的版本优秀，但显然也会有不如别人的地方。如果不能全面超越旧译本的话，我就不太愿意做新译了。打个比方，如果旧译本可以打90分，那么我费尽九牛二虎之力也许可以达到91分，但这种“重新发明电灯”的劳动过于辛苦了，“不出活儿”。如果一个旧译本只能打60分，我还是很愿意去尝试一下，争取做一个80分的译本。

我经常看到有些朋友自行翻译外文书，将译稿放在网上。我强烈建议大家不要这样做。首先，你没有获得原作者或其经纪人的授权，实际上是没有权利翻译其作品的。我记得“哈利·波特”某一部上市之前就发生过这样的事情，有热情的粉丝将其翻译为西班牙文，放到网上供免费下载。这是违法的，可能会给你惹上不必要的麻烦。其次，这种“私自翻译”，你的劳动得不到报酬，你的权利得不到保障，实在是损人不利己。当然，如果你说“我就是要凭着满腔热情与大家分享，我也不怕承担法律责任”，那么当我没说。

译者接翻译工作时要注意什么？

如果你是刚刚开始接触图书翻译，我只有一条建议，那就是一定要在与出版机构签订合同之后再动笔。毕竟翻译一本书可能需要一两年甚至更久，还是有合同的法律保护比较好。为了保护切身利益，译者签合同前尽量要做好调查，以免像我早年那样，遇到经营不善而破产解散的民营出版机构，几万块的翻译费至今还没有追回。

出版机构与译者的合同里一般会规定交稿时间，我建议大家在签约之前就掂量好自己的工作效率和时间表，再留出一点容错的弹性空间。大部分编辑会比较宽容，交稿期限到了之后也会给译者更多时间。但是，译者也要体谅编辑的难处，因为他们的工作也是有时间计划的，授权给他们的外方（比如罗琳）也会对他们的出书时间有要求。我觉得，如果译者在工作过程中觉得自己没有办法赶上进度，那么应当尽早与编辑联络，商议新的交稿时间，或者想办法来弥补。办法总是有的。有事好商量，千万不要玩消失。

我做编辑的时候，有一次约到一位译者，看到TA试译的质量很高，因此对TA抱了极高的期望。谁承想，到了交稿期限之后，对方就跟我玩起了沉默游戏，QQ、微信、电邮、短信一律不回，打电话永远打不通。我估计很多编辑都遇到过这种情况。最后我不得不联系另外一位译者，另起炉灶，之前的时间就白白浪费了。译者拖稿的理由也是千奇百怪，比如“我最近心情不好”“我的电脑又坏了”“我的猫生小猫了”……其实，拖延一点儿也正常，编辑都会理解，但保持沟通最重要。

翻译稿酬到底怎么算？

图书翻译的稿酬支付大概有下面几种形式。

对于版权书，因为中国的出版社要支付一大笔钱给外方，所以天生成本就高，这样的话，出版社给译者的稿酬往往不会高，一般是按照字数计算，一次性给付。比较厚道的出版社会在给译者的合同里规定一个期限，比如五年。这五年内，出版社支付给译者每千字若干元的一次性稿费；五年到期之后，出版社如果要继续使用这个译本，就会与译者重新签订合同，译者也就能再得到一笔稿费。还有的出版社可能会在合同里规定，译本的著作权转让给出版社，也就是说译者拿了第一笔稿酬之后，这个译本便与他无关了，出版社以后即便销售了数十万、数百万册，也无须再向译者付酬。

我听说某本家喻户晓的西班牙语小说，虽然卖了上百万册，属于超级畅销书，但译者因为签了“买断版权”的合同，所以只拿到几万块钱的稿费。这是非常可惜的。我建议译者同行们在与出版社签约时仔细斟酌合同的字里行间，甚至可以请资深的同行或著作权方面的律师来帮助审读合同草稿，尽量不要“卖儿鬻女”。当然了，也有特殊情况，比如译者为了扬名，愿意放弃经济利益；或者这本书过于小众，不大可能畅销；或者买断版权的费用高到令人无法拒绝。在这些情况下，译者愿意将自己的译本著作权转让给出版社，也是可以理解的。但在绝大多数情况下，我还是建议译者们多加注意译本著作权归属的问题。

在过去，很多出版社还有“印数稿酬”之说。例如，合同期限为五年，先给译者一笔固定稿酬，如果这本书比较畅销，能够加印的话，再根据一个比例，每次加印给译者一些提成。这种“印数稿酬”一般都不多，每次加印可能也就是几百块钱、一两千块钱，但集腋成裘，也是一笔不错的收入。不过很可惜，现在整个行业不如过去景气，愿意给译者“印数稿酬”的出版社好像不多了。

如果是公版书的话，省去了从外方购买版权的成本，出版社也许愿意把这部分钱的一部分花在优秀的译本上，也就是愿意给译者版税。版税就是与销售数量直接挂钩，书卖得越多，译者拿到的钱就越多。一般来说，是书的定价 × 印数 × 版税率。版税率可能是8%或10%之类。大家可以计算一下，假如一本书的定价是100元，印数是1万册，版税率是8%的话，译者能拿到多少钱。

版税一般是原创作者享受的（大家可以猜测一下莫言、余华、刘慈欣这样特别成功的作者，能够拿到多少版税），但在公版书上，有的译者也能享受到这种待遇。一般来讲，这都是水平很高、得到公认的译者。我听说有几位同行通过大量翻译公版书（尤其是销售量很大的世界名著），已经实现财富自由。唉，真是令人嫉妒！

在绝大多数情况下，在一定的时间内，同一个译本只能授权给一家出版社。例如，假如我翻译了狄更斯的《双城记》，然后与上海译文出版社或译林出版社签了五年的合同，那么在这五年之内，就只有上海译文出版社或译林出版社可以使用我的这个译本，我也不可以"一鱼多吃""一稿多投"，同时把译本卖给别的出版社。这就叫"独家授权"。

但也有特殊情况，比如我知道的一位老前辈翻译家，他翻译的世界名著就是"非独家授权"，也就是同时卖给多家出版社，同时从多家出版社领取稿酬。既然译本是相同的，就要考验各家出版社的设计、营销能力了。从金钱的角度来看，"非独家授权"当然是值得译者去追求的目标。但很可惜，这样的案例太稀罕了。

关于翻译稿酬的问题，我和很多同行，包括欧美同行交流过。在欧美，翻译家们大多也觉得自己得到的报酬太低，与自己付出的劳动不相称。当然，在考虑了物价、汇率等方面因素之后，欧美的翻译稿酬仍然比中国的高很多。

不管是什么行业，我猜很少有人会嫌自己得到的报酬多。大多数人似乎都觉得自己没有得到充分的报酬。金钱的数量是一方面，但这不是最重要的。我相信极少有人会仅仅为了金钱而从事文学翻译。金钱不是最重要的，但金钱显然是很好的表达对译者尊重的手段。别人可以视金钱为粪土，但你不能以此为理由欺骗和剥削他，你说对吗?

所以怎么说呢? 只能这么说: 翻译和出版都是很辛苦的工作，希望大家互相尊重。

译稿是怎么变成图书的？

如果你已经过五关斩六将，顺利完成了签约和翻译工作，那我建议你在完成译稿之后，抛开原文，只看中文稿，自己再好好地校改一遍，尤其是检查有无佶屈聱牙的“翻译腔”和难以理解、容易造成歧义的复杂长句。修改完毕之后，你就可以交稿了。

这个时候，你一定在热切地盼望看到自己的译稿成为一本散发墨香的书；也在期待自己的劳动收获果实，也就是领到稿费。不过，你可能要耐心。交稿之后，编辑一般还需要几个月的时间才能将其正式出版，有时甚至可能需要一年、两年或更久。一方面，这是因为编辑的工作繁重，说不定手头已经积压了很多活计，你的译稿需要排队；另一方面，也是因为编辑出版的工程之复杂可能超出一般人的想象。

你可能会觉得：“我的译稿质量极高，我也前前后后修改了好几次，现在只需要将其排版印刷就可以了，为什么还需要那么长的时间呢？”

首先，再完美的稿件，也仍然需要一番加工，才能付梓。编辑要考虑的事情非常多，比如版面设计（每页多少字，字号、行距怎样安排更美观）、封面设计（这可不仅仅是一张图的事情，因为还分为封面、封底、扉页、护封等)、纸张的选择(在质量、美观和成本之间寻找平衡)、将图片处理成适合印刷的格式，等等。

何况，绝大多数的稿件不是完美的。由于译者的水平和细心程度各不相同，稿件一般都需要经过编校处理，改正错别字、用词不当、病句、逻辑错误、知识错误，等等。就算译者的水平极高，活儿做得也极细致，也仍然会有纰漏。毕竟当局者迷旁观者清，有些错误译者自己是很难看出来的，需要别人指出。而且有些问题也是译者一般不会去考虑的，而编辑必须考虑。比如，有些说法固然尊重了原文，但不符合我国的规范用法，译者未必能照顾到这些方面，编辑就必须做到。

所以编辑在处理稿件时要面面俱到。这个工作非常繁杂，千头万绪，如果能做得好的话，也是非常了不起的。在编校过程中，编辑可能会与译者联络，商讨细节。比如某个术语，编辑可能认为应当换一种译法。实际上，能够在处理文稿期间主动与译者探讨的编辑，是格外值得赞扬的。因为这至少说明编辑有自己的思考，而且没有擅自改动稿子，而是寻求讨论和确认。如果译者遇到这样的编辑，千万不要嫌烦，而是要谢天谢地，让你遇到了一位认真负责的好编辑！这样的话，译者就有了一个机会，对稿件再做一次审视，争取做到更好。

等到稿件编校处理完毕，一般来说就可以准备印刷了。编务上的工作，比如申领书号、给书定价等，不会麻烦到译者。封面设计也许会征询译者的意见，也许不会。

拿到新鲜出炉的样书之后，恭喜你，你的译著就要问世了。

书出了，
还得能卖出去

现在一本书出版之后，往往需要做一些营销工作。这个主要由出版社的编辑和营销人员主持，形式多种多样，往往需要译者的配合。比如，可能会举办一个新书发布会或者读者见面会、新书讨论会。这些活动一般在书店、图书馆等场所举行。如果能够邀请到原作者（对于译著来说，就是外国作者），往往效果更好。译者可以出席，与原作者对谈，探讨和介绍这本书。这样的活动如果组织得好，对新书的营销宣传是很有帮助的。比如在我翻译的书当中，曾邀请“地中海史诗三部曲”的作者罗杰·克劳利到北京、上海、南京与读者见面，邀请《罗曼诺夫皇朝》的作者西蒙·蒙蒂菲奥里来到国内多座城市，还曾邀请《伟大的海：地中海人类史》的作者、剑桥大学知名教授大卫·阿布拉菲亚到杭州和上海。在这些邀请外国作者与中国读者见面的活动当中，我都担任了现场的口译员，并客串对谈嘉宾。这几次活动的效果都很好，尤其是蒙蒂菲奥里这样的明星作家，几乎让现场挤得水泄不通。原作者会在现场签名售书。虽然在当时当地未必能卖掉多少书，但这种活动透过媒体的报道，往往能够溅起不小的水花，让更多人了解到相应的作者和作品。

如果不方便邀请原作者，出版社也一般会邀请译者与相关领域的专家或名人出席活动，尤其是如果译者本人比较有知名度的话。我自己就经常参加这样的活动，与读者见面，介绍和讨论自己的翻译作品。

以前听到过一种说法，认为译者出席公开活动是越俎代庖，或者是“爱出风头”；书的荣耀属于原作者，译者没有资格沾光；或者，译者应当“板凳要坐十年冷”，甘于在幕后劳动，若是胆敢走上前台、抛头露面，就是追名逐利、臭不要脸。

我觉得，这些都是奇怪且阴暗的想法。首先，参加过公开活动的朋友会知道，这也是劳动呀，是很辛苦的。可能需要出差，舟车劳顿，然后还要面对很多陌生人，精神抖擞地讲话，这还真不是人人都做得了的。其次，暂且不谈译者有没有资格沾原作者的光，译者出席活动难道不是为了营销推广，是为了让更多人了解这部作品吗？酒香也怕巷子深，译者为什么不能给自己付出了劳动的产品做广告呢？难道做广告就是不要脸吗？

至于译者是不是要待在幕后，避免“僭越”，我是这么想的：每个人的性格不同，有的人愿意当幕后英雄，这固然很好，但指责愿意登台的人是毫无道理。名利是双刃剑不错，但其中的“度”要由每个人自己选择。

上面说的是出版业一般所说的“地面营销”，除此之外还有网络营销。与“地面”的情况类似，有的译者在网络上无声无息，有的译者则比较活跃。我属于比较活跃的。如果你有意识地要在网络上保持低调的话，固然很好。如果你愿意在网络上做一些与书相关的事情的话，我有几点小建议。

首先是通过社交媒体，建立自己的“基地”，利用这个基地推介新书，与读者交流。微博与若干年前相比已经大幅衰落，但微信公众号和小红书的人气还比较旺盛。我建议译者朋友可以在这些平台注册账号，不时地分享新书信息、书评文章，与大家交流。等到你的账号“发育”到一定程度，自然会吸引一些同好。我的很多朋友就是这样通过网络认识的，比如媒体人郑诗亮、作家兼播客播主沙青青。我和他们最初是网友，因为对类似的书和话题感兴趣而认识，后来将网友“下载到本地”，成为生活中的朋友。这样的友情是弥足珍贵的。

我还通过社交媒体收集到读者对具体某本书的意见或建议，尤其是纠错。百密还有一疏，一本书经过了译者和编辑的手之后，可能还是有错误，所以广大读者的帮助是非常有益的。

短视频类型的新媒体，我还用得比较少，暂时没有什么心得分享给大家。但纯声音类的节目——播客，近些年在国内发展很迅猛。有的文化类的大牌播客，比如程衍樑的“忽左忽右”，已经发展到相当高的水平，拥有大批拥趸，因而成为重要的媒体。如果能在播客上聊聊书，也是挺不错的。

如果你的译作比较受读者欢迎，有机会重印的话，你就可以把之前收集到的纠错信息整合起来，对新印次的书做一个提升。不过重印的时候一般只能做较小的改动。如果你的译作有机会再版（与重印不同，可能是另起炉灶，所以封面、定价都可能不同），不妨重新读一遍稿件，看需不需要做比较大的改动。

我为什么开始自己写作？

我第一部比较有影响的译作《1453：君士坦丁堡之战》出版于2014年，我的第一本原创作品《德意志贵族：一个群体的生活、历史与命运》出版于2022年，第二本书《巴比伦怪物：魏玛共和国犯罪鉴证实录》出版于2024年。我从译者到作者的转型花了将近十年。目前我是翻译和写作齐头并进。

我小的时候就有写作梦（估计很多朋友都是这样），小学的时候就用纸笔写过比较长的小说，我记得有三四百页，是对《魔戒》的拙劣模仿。我在故事里虚构了一个宇宙叫作“北境”。因为知识有限，给人物取名就成了难题。我从书架上随手抄起一本书，生冷不忌，就直接挪用里面的人名。我记得，我小说的主人公和头号反角的名字分别是罗斯福和富兰克林。现在想起来真是汗颜。可惜后来这个稿子丢失了。

后来在阅读经历中，我对外国文学和历史一直有着浓厚的兴趣，所以走上了翻译道路。我开始翻译世界历史题材的书籍，算是把个人兴趣与工作结合到了一起。但起初并没有要自己写点东西的念头。

前面谈到，翻译德文的历史概念Mediatisierung

和Standesherr遇到困难，这让我思考了很长时间。也正是这个契机，促使我开始集中精力去搜寻和阅读"德意志贵族"题材的书籍与材料，逐渐写了一些零星的小文章。大约在2015年，得到世纪文景的编辑章颖莹的鼓励，我开始考虑写一本书来专门探讨"德意志贵族"的话题。还有一些话题让我兴趣盎然：在今日的德意志联邦共和国，"伯爵"们过着怎样的生活？在共和体制下，德国还存在"贵族"吗？他们的自我认知是什么样的呢？别人又怎么看他们呢？

所以《德意志贵族》这本书算是我几年来阅读和探索的一个小结。它是直接脱胎于我的翻译工作的。写作这本书的过程很漫长，其中有不少次想要放弃，好在最后总算完工了。

从翻译走向写作，或者身兼译者与作者的例子，是非常多的。鲁迅和周作人都同时是作家和翻译家。国外的例子有纳博科夫和塞缪尔·贝克特等。其实做翻译是一个极好的学习过程。我在阅读时往往观其大略、不求甚解，但在翻译时就必须一丝不苟，把每一个细微的难点都解决掉，所以翻译包含一个难得的深度阅读的过程。在翻译过程当中，往往能够与作者进行更深层次的交流。所以，译者的每一次翻译，也是对自己进行教育。这样的教育，仿佛是学徒跟随大师或比较成功的前辈，手把手地学习，直接聆听教诲，收获很大，乐趣无穷。而且长期与文本和文字打交道，也是极好的锻炼。如此这般，译者就具有了写作的潜力。至少就我个人的经验来看，长期的翻译工作是不错的基础性训练。

当然了，我写的是历史书，更多注重材料的搜集、筛选和整理，而且我用的主要是外文材料，也涉及翻译；而不太需要绝好的文笔（何况我也没有）。我猜，写历史书应当是比搞文学创作要容易一些的。

翻译和写作过程当中的感受是很不一样的。我在翻译过程中从来不会焦虑或痛苦，从来不会因为翻译工作而失眠。毕竟书稿是现成的，我只需要吭哧吭哧一点一点向前推进就是了。而自己写点东西的时候，哪怕仅仅是几百字的短文，也经常让我感到焦虑，在夜间辗转反侧。有时突然想到一个（自以为）巧妙的idea（想法，主意），就会激动不已，为了防止“灵感”消失，不管是深夜几点钟，都要跳起来，开灯，提笔记录。第二天再把笔记本上的只言片语整理到电脑上，或者运用到稿子里。就是因为这么一番折腾，我常常失眠，毕竟大脑一旦兴奋起来，就要过很长时间才能平静下来。

现在我找到了一个好办法，那就是善用手机上的语音备忘录。这样只需要伸手摸手机，点击几下，就可以记录灵光闪现的idea，而无须大动干戈。如果你看到我在吃饭时、外出时突然掏出手机自言自语，我并没有发疯。

最后的话

已经2025年了，做图书翻译还有前途吗？

这是网络上经常有人讨论的话题。如果你说图书翻译（以及出版）工作的报酬不高，而且在AI浪潮冲击下前途未卜，这肯定是对的。从这个角度，我没有办法坦然地劝别人入行。但既然你已经读完了我的这本小书，你一定能体会到，我对这份工作（或事业，或兴趣）是没有任何懊悔的。十多年来，从事图书翻译工作，让我挣到了一点钱，也让我享受了很多乐趣。至于这种乐趣能不能在你身上复制，那就要你自己判断啦。但如果你和我一样热爱读书，热爱文学（或历史），那么希望这本小书能够对你有所启发。

作者介绍

陆大鹏，世界史研究者，英、德文译者。

著有《德意志贵族：一个群体的生活、历史与命运》《巴比伦怪物：魏玛共和国犯罪鉴证实录》等。

译有《阿拉伯的劳伦斯》《金雀花王朝》等。

获誉：《北京青年报》2015年度译者；《经济观察书评》2015年度译者；单向街书店文学奖2016年度文学翻译奖；《新周刊》2018年新锐榜“年度知道分子”；2023年文景历史写作奖十强。

著作一览

翻译作品

《哈比人：插图注释本》（与朱学恒等人合译），
J. R. R. 托尔金著，
译林出版社，
2011年

《阿拉伯的劳伦斯：战争、谎言、帝国愚行与现代中东的形成》，
斯科特·安德森著，
社会科学文献出版社，
2014年

《纳粹德国的腐败与反腐》，
弗兰克·巴约尔著，
译林出版社，
2015年

《金雀花王朝：缔造英格兰的武士国王与王后们》，
丹·琼斯著，
社会科学文献出版社，
2015年

《奥古斯都：从革命者到皇帝》，
阿德里安·戈兹沃西著，
社会科学文献出版社，
2016年

《滑铁卢：四天、三支大军和三场战役的历史》，
伯纳德·康沃尔著，
社会科学文献出版社，
2016年

《恺撒：巨人的一生》，
阿德里安·戈兹沃西著，
社会科学文献出版社，
2016年

《伊莎贝拉：武士女王》，
克斯汀·唐尼著，
社会科学文献出版社，
2016年

《征服者：葡萄牙帝国的崛起》，
罗杰·克劳利著，
社会科学文献出版社，
2016年

《伯罗奔尼撒战争》，
唐纳德·卡根著，
社会科学文献出版社，
2016年

《摩尔人的最后叹息》，
萨曼·鲁西迪著，
北京燕山出版社，
2017年

《地中海史诗三部曲》，
罗杰·克劳利著，
社会科学文献出版社，
2017年

《空王冠：玫瑰战争与都铎王朝的崛起》，
丹·琼斯著，
社会科学文献出版社，
2018年

《斯科尔茨内回忆录：危险仅次于希特勒的男人》，
奥托·斯科尔茨内著，
吉林出版集团，
2018年

《罗曼诺夫皇朝：1613—1918》，
西蒙·塞巴格·蒙蒂菲奥里著，
社会科学文献出版社，
2018年

《西西里史：从希腊人到黑手党》，
约翰·朱利叶斯·诺里奇著，
译林出版社，
2019年

《破碎大地：21世纪中东的六种人生》（与刘晓晖合译），
斯科特·安德森著，
社会科学文献出版社，
2019年

《血夏：1381年英格兰农民起义》（与刘晓晖合译），
丹·琼斯著，
社会科学文献出版社，
2020年

《圣殿骑士团：崛起与陨落》（与刘晓晖合译），
丹·琼斯著，
社会科学文献出版社，
2020年

《条顿骑士团：一部军事史》（与刘晓晖合译），
威廉·厄本著，
社会科学文献出版社，
2020年

《我们这一帮》，
菲利普·罗斯著，
上海译文出版社，
2021年

《布达佩斯之围：第二次世界大战中的一百天》（与刘晓晖合译），
翁格瓦利·克里斯蒂安著，
社会科学文献出版社，
2021年

《王公之泪：印度的兵变、金钱与婚姻（1805—1905）》（与刘晓晖合译），
斐迪南·芒特著，
社会科学文献出版社，
2021年

《时间的色彩：一部鲜活的世界史，1850—1960》（与刘晓晖合译），
丹·琼斯 / 玛丽娜·阿马拉尔著，
社会科学文献出版社，
2021年

《皇帝：查理五世传》（与刘晓晖合译），
杰弗里·帕克著，
社会科学文献出版社，
2022年

《腓力二世传》（与刘晓晖合译），
杰弗里·帕克著，
社会科学文献出版社，
2022年

《叶卡捷琳娜大帝与波将金》（与刘晓晖合译），
西蒙·塞巴格·蒙蒂菲奥里著，

社会科学文献出版社，
2023年

《无政府：东印度公司的崛起》（与刘晓晖合译），
威廉·达尔林普尔著，
社会科学文献出版社，
2023年

《基因彩票：运气、平等与补偿性公正》，
凯瑟琳·佩奇·哈登著，
辽宁人民出版社，
2023年

《无垠之海：世界大洋人类史》（与刘晓晖合译），
大卫·阿布拉菲亚著，
社会科学文献出版社，
2024年

《白莫卧儿人：爱情、战争与18世纪的印度》（与刘晓晖合译），
威廉·达尔林普尔著，
社会科学文献出版社，
2024年

《你就这样失去了她》，
朱诺·迪亚斯著，
人民文学出版社，
2024年

《马丁·路德·金传》，
乔纳森·艾格著，

天津人民出版社，
2025年

原创作品

《德意志贵族：一个群体的生活、历史与命运》，
上海人民出版社，
2022年

《少年世界史·古代》，
漓江出版社，
2023年

《少年世界史·近代》，
漓江出版社，
2023年

《巴比伦怪物：魏玛共和国犯罪鉴证实录》，
上海译文出版社，
2024年

小开本 CNπ QST α
轻松读文库

产品经理：李鹏程
视觉统筹：马仕睿 @typo_d
印制统筹：赵路江
内文排版：程　阁
版权统筹：李晓苏
营销统筹：好同学

豆瓣 / 微博 / 小红书 / 公众号
搜索「轻读文库」

mail@qingduwenku.com